Deux corbeaux et une cigogne

9, rue de l'École-Polytechnique – 75005 Paris
www.michalon.fr
ISBN : 978-2-84186-948-0

Diane Léonor

Deux corbeaux et une cigogne

De la fausse couche au bonheur d'être parents,
le récit d'un chemin vers la maternité

Michalon Éditeur

À mes formidables parents

Aux lecteurs

L'histoire que je raconte est celle de beaucoup d'autres femmes. Pourtant, peu d'entre nous la relatent. En librairie, une littérature « pratique » abondante existe sur la grossesse et l'accouchement, mais peu d'ouvrages parlent du chemin vers la grossesse, parfois jalonné de difficultés, et rares sont les récits qui abordent le « vécu ».

Alors, pendant mon congé maternité puis entre deux siestes de ma fille, je me suis mise à écrire pour partager avec le plus grand nombre un sujet qui reste encore trop discret : les fausses couches.

À l'époque, j'étais d'une ingénuité totale. À dix mille lieues de penser que cela pouvait m'arriver, je me suis pris claque sur claque, quelques-unes assénées par des médecins.

Mes fausses couches ont très nettement marqué le vécu de ma grossesse et de mon accouchement… pour le meilleur! J'ai fait des choix que je n'aurais certainement pas faits sans cela et qui m'ont permis de vivre pleinement ces moments « hors du commun », pour ne pas dire « exceptionnels », de la vie d'une femme.

Ne vous y trompez pas. Mon récit n'est ni triste, ni inquiétant, et encore moins déprimant. Ne craignez pas de le lire sous prétexte qu'il aborde le sujet « dont-on-ne-parle-pas » des fausses couches. Il met simplement en lumière ce qui arrive fréquemment, à une femme sur quatre, et qui peut vous arriver… ou pas!

Lire mon témoignage, ce n'est pas risquer une prophétie autoréalisatrice de la fausse couche, mais être prévenu et armé par rapport à son éventualité. C'est aussi échanger sur la grossesse et l'accouchement, non pas de manière pratique mais incarnée. À la distance des livres pratiques, je vous propose la chaleur d'une histoire vécue, avec ses messages clefs et ses enseignements.

Raconter, transmettre, parfois dénoncer ont été le fil directeur de mon écriture. Vous rasséréner, vous faire sourire et rire, vous donner de l'espoir, telle est aussi mon ambition.

Je souhaite que mon livre soit votre compagnon de route, de votre désir d'enfant à votre accouchement, et que vous viviez ces moments forts entièrement, sans réserve et à votre manière.

« Je pense que votre expérience a beaucoup de valeur : on parle très peu de ce type de situation et de ce que ça remue chez les femmes qui les vivent. Alors oui, en écrivant, vous pouvez faire beaucoup de bien à d'autres femmes.

[…]

Allez-y. Je suis avec vous.
Et écrivez-moi quand vous voulez.
Avec mon amitié,
Martin »

Réponse de Martin Winckler à mon mail, alors que je cherchais auprès de lui « l'élan » d'écrire (mai 2018).

Larguer les amarres !

Je n'ai jamais écrit auparavant une traître ligne destinée un jour à être lue. Mais si vous tenez ce livre entre vos mains, c'est que j'aurai osé et serai allée au bout de mon envie de partage.

Écrire un roman, une fiction, j'en serais bien incapable ! Mais faire part de mon vécu, de ce qui a été ma réalité, voilà qui est devenu, au fils des jours et des mois, une nécessité, une exigence même et une évidence. Et puis, il y a eu une opportunité, celle d'un départ à l'étranger qui, en me donnant un souffle nouveau et du temps, m'a permis de concrétiser ce projet.

C'est un voyage de dix-neuf mois que je vous invite à entreprendre. Un voyage à travers le quotidien d'une femme qui désire devenir mère et pour qui tout ne se passe pas exactement comme prévu. De stupeur profonde à désillusion, d'ingénuité à réalité, de surprise à émerveillement, ravissement et félicité. Car un jour, le beau temps succède à la pluie [1].

Il s'agit de relater à travers ces lignes mon expérience, mon ressenti et de vous livrer ce que j'en ai appris. Je ne prétends pas détenir la vérité, mais souhaite humblement apporter un éclairage, quelques conseils et messages qui me semblent clefs. Puisez ce que vous trouvez utile, vous fait du bien, vous rassure ou vous inspire et vivez votre propre histoire.

Ce livre s'adresse d'abord à toutes les femmes qui ont rencontré des difficultés dans leur grossesse. Je l'ai écrit pour vous, en me disant que s'il était utile et apaisant ne serait-ce que pour l'une d'entre vous, il valait la peine d'être écrit. Puisse-t-il vous apporter du réconfort et de l'espoir. Car une chose est certaine, vous n'êtes pas seules !

Il s'adresse aussi aux personnels soignants afin qu'ils soient toujours plus proches de ce que peuvent traverser leurs patientes et comprennent peut-être mieux leurs attentes, leurs déceptions, leurs colères, mais aussi la profonde reconnaissance qu'elles peuvent éprouver vis-à-vis d'eux. Car, chers soignants, votre rôle est clef dans la

1. Comtesse de Ségur, *Après la pluie le beau temps*, 1871.

manière dont nous vivons les choses. Votre expertise technique est certes indispensable, mais loin d'être suffisante. Votre temps, votre patience, vos explications, votre sollicitude et votre honnêteté feront la différence dans notre vécu.

Il s'adresse à tous les couples qui se préparent à être parents et souhaitent se projeter dans la grossesse et l'accouchement.

Il s'adresse enfin à tous, car c'est finalement une tranche de vie que je raconte à travers ces lignes.

Ce livre est un témoignage. Tout ce qui est écrit est vrai[2] et a été vécu. J'y dépeins mon expérience et ma manière de vivre les choses, sans artifice. À ce titre, il n'engage que moi. Certains passages pourront donc être jugés très personnels : la réalité nue est parfois crue. Mais c'est mon souhait de raconter les choses entièrement et de manière authentique.

Le voyage vous tente ? La mer est calme. C'est le moment d'embarquer. Venez et larguons les amarres !

---

2. Les noms des personnes ont été modifiés.

Première partie

Vertige

Mon mari et moi parlions depuis plusieurs mois d'avoir un enfant. Lui était impatient. Moi, je prenais le temps nécessaire pour me sentir prête. Mais l'est-on jamais ? Lorsque nous avons décidé de nous lancer dans la grande aventure, il était aux anges, je me décrirais comme étant plutôt tendue. J'ai vraiment éprouvé un sentiment de vertige la première fois que nous avons fait l'amour sans protection. J'avais l'impression de sauter d'une falaise en parapente sans le vent nécessaire pour gonfler l'aile, ou de dégonfler mon gilet de plongée pour descendre dans l'eau sans avoir mis le détendeur d'oxygène en bouche. Ce n'était pas très agréable. Mais le premier pas n'est-il pas toujours le plus difficile ?

Nous n'étions pas particulièrement pressés d'avoir un enfant. Nos âges et horloges biologiques ne nous imposaient aucun suivi médical particulier. Nous étions tout à fait dans l'état d'esprit de laisser faire la nature. J'avais juste noté sur une page volante la date d'arrêt de ma contraception. Toujours est-il que lorsque vous avez vos règles le mois suivant, c'est la déception. Bien sûr, vous savez pertinemment que cela ne fonctionne pas forcément du premier coup. Peut-être même auriez-vous été surprise et légèrement anxieuse que cela arrive si vite. Il n'empêche que c'est un peu désappointée que vous partagez la nouvelle avec votre compagnon. Puis vous vous souvenez du sentiment de vertige éprouvé lorsque vous avez décidé de franchir le pas d'avoir un enfant et vous vous félicitez de vous être lancée dans l'aventure et de n'avoir plus aucune appréhension. C'est déjà une grande avancée.

De l'incertitude à l'incertitude

Début juillet 2017. Je suis arrêtée. Je pensais avoir simplement fait un faux mouvement en m'étirant dans mon lit, mais à entendre le médecin, c'est beaucoup plus sérieux. Il parle de névralgie cervico-brachiale et d'arrêt pouvant aller jusqu'à plusieurs mois. Je n'en crois pas mes oreilles. Je ne peux pas être arrêtée, j'ai beaucoup trop de travail ! J'ai pris un nouveau poste il y a sept mois. Je devais avoir un assistant qui n'est toujours pas là du fait de la nécessité légale d'une période de carence entre deux contrats à durée déterminée. Et, par ailleurs, ma supérieure est enceinte et va quitter la société. La réalité est que je suis épuisée. Complètement épuisée. Et à trop tirer sur la corde, je finis par en payer le prix. Je pensais avoir de la réserve, mais mon corps me rappelle à l'ordre de manière radicale.

Je suis assise sur le siège médical du médecin, dos bien droit, tandis que ce dernier tapote avec ses doigts mon cou et mon épaule en me demandant de préciser mes sensations. Il me propose un arrêt de travail que je décline tout d'abord. Néanmoins, je suis à moitié paralysée. Je ne peux plus bouger le cou, j'ai du mal à lever le bras et ma tension est basse. Il m'impose donc le repos. J'essaie de négocier avec lui un nombre de jours limité car, à la fin de la semaine, une réunion importante est organisée et je souhaite vraiment y participer. Il accepte à condition que je me repose dans l'intervalle, que je porte une minerve et que je revienne le voir si mon état ne s'est pas amélioré.

Ce n'est pas mon médecin habituel, mais je vais le voir quand mon généraliste est absent ou quand je ne suis pas vraiment capable de me déplacer. Et c'est le cas aujourd'hui. Il a en effet l'avantage d'être à deux cents mètres de chez moi.

Avant de me donner un traitement, il me pose un certain nombre de questions.

— Avez-vous des allergies ?

— Non, aucune.

Il commence à noter des noms de médicaments sur une ordonnance, ainsi que la posologie.

— En revanche, peut-être faut-il que vous sachiez que mon mari et moi essayons d'avoir un enfant.

— À quand remontent vos dernières règles ?

— Fin mai.

Il lève les yeux vers moi, puis raye son ordonnance et en reprend une vierge.

— Alors, pas d'anti-inflammatoire. Principe de précaution.

— Que me prescrivez-vous à la place ?

— Du Dafalgan !

Je sors de son cabinet. Mes seuls compagnons pour soulager la douleur sont donc du Doliprane — au moins, là, c'est sûr, on ne prend pas de risque — et du Dafalgan codéiné que je ne suis même pas certaine de supporter. Avec ce traitement de choc, cette névralgie cervico-brachiale, c'est certain, ne risque pas de traîner en longueur ! J'ai pourtant lu quelque part que les anti-inflammatoires n'étaient pas interdits en début de grossesse. Et puis, on ne sait même pas si je suis enceinte ! Cela me rappelle mes années d'internat. Au moindre problème de santé, nous n'avions le droit qu'à du Dafalgan. Maux de tête ? Dafalgan. Angine ? Dafalgan. Rage de dents ? Dafalgan. Douleurs abdominales ? Dafalgan. Appendicite ? Dafalgan. Des années plus tard, me revoilà au même régime !

Je rentre m'allonger sur mon lit de douleur.

Cette histoire de Dafalgan et de principe de précaution a fait naître en moi un doute. Et si j'étais enceinte? Il est vrai que je n'ai toujours pas mes règles. Mais comme j'ai des cycles irréguliers, je ne sais pas vraiment si j'ai du retard.

Après quelques heures allongée, une minerve enserrant mon cou, je me lève dans un effort et récupère tous mes agendas soigneusement rangés au fil des ans dans un placard. J'ai en effet pris l'habitude de noter la durée de mes cycles sur une des pages. Résultat des courses sur plusieurs années: entre vingt-cinq et trente-neuf jours. Quasiment du simple au double! Je suis à trente-sept jours. Peut-être mon corps me rappelle-t-il à l'ordre et m'impose le repos parce que je suis enceinte? Qui sait. Je décide de patienter avant de faire un test de grossesse, histoire d'être au-delà des trente-neuf jours.

Lorsqu'une amie m'appelle pour prendre des nouvelles et que je lui fais part de mon souhait d'attendre avant de faire un test urinaire, elle paraît très surprise.

— Comment fais-tu pour arriver à patienter? De mon côté, dès que j'ai eu des doutes, je me suis précipitée à la pharmacie pour acheter un test. C'était la fin de la journée. Je n'ai même pas lu la notice et du coup, le résultat était mi-figue mi-raisin, car il vaut mieux le faire le matin. Je suis aussitôt ressortie en acheter un autre pour le réaliser avec les premières urines le lendemain. Le résultat était sans équivoque. J'étais enceinte !

Je ne suis pas aussi pressée. Je préfère attendre un peu et être sûre du résultat plutôt que de le faire trop tôt. Le lendemain, toujours aussi mal en point, je décide de sortir acheter ce fameux test. Dans mon état, s'habiller est une gageure, et après plus d'une demi-heure de bataille, notamment pour enfiler T-shirt et pull, à coup de respirations et de « *tu vas y arriver* », je suis fin prête à sortir ! J'achète un test à deux euros dans la première pharmacie croisée. Je prends le premier prix et laisse de côté les Clearblue sophistiqués qui donnent une estimation du nombre de semaines de grossesse. Je rentre chez moi, m'allonge à nouveau et lis la notice. Je pose le test sur ma table de nuit et décide d'attendre cinq jours.

D-day, je saute du lit et file aux toilettes, test et notice en main. Je relis rapidement les instructions, histoire de les avoir bien en tête, et me lance. C'est le cœur battant que je rejoins mon mari, Maxime, dans le lit d'où nous attendons impatiemment le résultat. Mais ce dernier nous laisse un goût d'inachevé et d'incertitude. Il y a bien une bande à droite, très rose, et une à gauche qui se dessine, mais pâle et non nette. Peut-être est-ce encore trop tôt pour faire un test ? Pourtant, j'ai quand même attendu quarante-deux jours depuis mes dernières règles ! Ou alors, le test n'est pas fiable ? Quelle idée ai-je eu d'acheter un test à deux euros ! Peut-être est-il moins qualitatif ? Si j'avais acheté le « Clearblue » ultra perfectionné, le résultat aurait-il été moins mitigé ? J'ai suivi point par point les instructions. Je l'ai bien fait le matin avec les premières urines qui sont plus concentrées en hormones de grossesse. Et si j'en crois la notice, une deuxième bande, même pâle, signifie qu'on est enceinte. Nous décidons d'attendre encore quelques jours avant d'en refaire un. Le taux d'hormones détecté devrait logiquement être plus important.

Toujours est-il que cela ne se passe pas vraiment comme je l'avais imaginé. Pas de débordement de joie ni d'embrassade. Plutôt de la retenue et de la prudence.

Deux jours plus tard, je retourne dans une pharmacie et choisis un test à plus de dix euros. Pas sûr que le prix change quelque chose, mais au moins, je ne remettrai pas en cause sa fiabilité. En discutant avec la pharmacienne au moment de payer, elle me conseille de le reposer et d'aller directement faire une prise de sang. Je suis son conseil et me rends dans un laboratoire le lendemain matin, un samedi. J'aurai les résultats le soir. Maxime part en déplacement l'après-midi même et ne revient que le jeudi soir suivant. D'un commun accord, nous décidons d'attendre son retour avant d'ouvrir les résultats.

Cela nous fait drôlement patienter. Mais c'est un moment de bonheur que nous voulons vivre à deux. J'ai confiance dans le résultat. Je n'ai plus mes règles depuis quarante-cinq jours et j'ai des douleurs dans le bas-ventre la nuit. De manière paradoxale, j'ai la sensation que je vais avoir mes règles de manière imminente mais rien ne vient, jour après jour.

Le mercredi après-midi, j'arrive, non sans mal, à joindre ma gynécologue Andrée. Je ne l'ai vue qu'une fois et ne la connais pas bien. Elle m'a été recommandée par une amie. C'est plutôt un médecin de la vieille école. Son bureau est loin d'être dernier cri, mais elle est en fin de carrière et a de l'expérience. J'ai aimé qu'elle soit vraiment à l'écoute lorsque j'étais dans son cabinet et comme tout allait bien, je suis sortie ravie. Je lui dépeins au téléphone ce que je ressens, les tiraillements et la sensation d'avoir mes règles de manière imminente.

— Ce sont là des symptômes typiques de la grossesse, me répond-elle. Quand vous aurez ouvert vos résultats, s'ils sont positifs, l'important est de réserver très vite une place dans une maternité.

Nous discutons rapidement du choix d'une maternité, mais elle n'est pas d'une très grande aide et je me sens relativement désemparée.

Le soir, je regarde les hôpitaux dans mon arrondissement. Comparer les pourcentages de césariennes et d'épisiotomies n'est finalement pas très pertinent. Un hôpital de niveau III a en effet plus de chances d'en réaliser puisqu'il accueille les grossesses à risques. Lire ce qu'en disent les femmes qui y ont accouché m'aide encore moins. Les avis sont totalement divergents d'une femme à une autre. Pour les unes, l'accouchement s'est déroulé à merveille avec un personnel à l'écoute et aux petits soins et pour les autres, cela a été un vrai calvaire !

Je suis complètement perdue. Il est quasiment minuit. Je suis fatiguée et n'ai pas avancé d'un pouce sur le choix de la maternité ! Et puis je me sens seule. Je me souviens de Maxime qui disait qu'il s'occuperait de tout concernant ma grossesse, de l'administratif au choix de la nounou ou de la crèche. Et finalement, c'est moi qui m'y colle puisqu'il n'est pas là. Sacrés hommes, ils s'en tirent toujours bien !

Le lendemain matin, alors que je prends mon petit-déjeuner, j'utilise mon joker et appelle ma mère pour lui demander conseil. Elle me recommande de choisir la maternité qui puisse prendre le mieux en charge mon bébé s'il y avait un problème à la naissance. Dans mon arrondissement, il n'y en a qu'une. Elle m'encourage également à appeler une de mes amies qui y a accouché de jumeaux. Je m'empresse de suivre son conseil et laisse un vague message sur son répondeur, mais le ton de ma voix en dit long. Puis je pars travailler. Je porte toujours une minerve et j'ai encore mal, mais après quelques jours de repos, je me sens un peu mieux.

Malgré ses jumeaux en bas âge, mon amie me rappelle quelques heures après. Je m'isole alors sur mon lieu de travail dans une salle vide, sans chaise ni bureau. Je prends le temps de lui expliquer la situation : le test mitigé, la prise de sang, les résultats que j'ai dans les mains sans les avoir ouverts. Nous parlons des maternités, de son expérience, des étapes à suivre et de leur timing. Et puis, soudain, j'ai l'intuition qu'il faut que j'ouvre ces résultats. Cela fait cinq jours que j'attends patiemment le retour de Maxime et alors même qu'il rentre ce soir, j'ai l'intime conviction que je dois ouvrir ce courrier. Maintenant. Je mets le haut-parleur et lui demande de rester avec moi. Je suis assise à même la moquette dans cette salle vide. Et je n'ai pas envie d'être seule.

Ce qu'il y a de bien dans le test sanguin, c'est que la réponse est sans équivoque. Soit je suis enceinte, soit je ne le suis pas. Pas de demi-mesure. Du moins, c'est ce que je pense à cet instant. Naïvement, je m'attends à un courrier avec écrit en gros caractères « ENCEINTE ». Quelle n'est pas ma surprise lorsque je vois un taux de β-HCG et, en dessous, un tableau qui indique le nombre de semaines d'aménorrhée en fonction du taux. De surprise à stupéfaction, je me rends compte que mon taux est complètement discordant avec le nombre de semaines d'aménorrhée. Il devrait être beaucoup plus élevé. Qu'est-ce que cela signifie ? Suis-je enceinte ou pas ? Je n'y comprends rien. Je m'attendais à une réponse binaire et je suis encore dans le doute. Ce n'est absolument pas clair ! Mon amie suppose que mon taux est bas car je suis en début de grossesse. Puis elle part fouiller dans son dossier médical et me donne les coordonnées d'une sage-femme qu'elle a rencontrée à la fin de sa grossesse et qui lui semblait bien. Je la remercie pour son temps et m'empresse d'appeler la sage-femme recommandée. Je laisse un message sur son répondeur et retourne travailler, complètement chamboulée.

Mon téléphone sonne. Numéro inconnu. Je décroche. Soulagement. C'est Joséphine, la sage-femme. J'ai de la chance qu'elle me rappelle aussi vite, d'autant qu'elle est en journée de repos. Je vais pouvoir parler à un professionnel de santé qui saura interpréter ces fichus taux. Je retourne dans ma salle vide, toujours assise par terre, et lui expose la situation. Elle m'écoute attentivement, me pose des questions, puis finit par me dire avec beaucoup de douceur que des β-HCG de 81 à cinq semaines d'aménorrhée signifient soit que je fais une fausse couche, soit qu'il s'agit d'une grossesse tardive. Elle n'est néanmoins pas en mesure de trancher vers l'une ou l'autre des hypothèses. Le temps et de nouveaux examens nous le diront.

Malgré l'annonce de la nouvelle, je me sens apaisée. Nous parlons également des maternités, de leurs atouts, de leurs différences. Elle me propose de m'inscrire dans deux maternités. Lorsque je raccroche, j'ai une ligne de route, des actions à mener et je me sens rassurée. Je dois justement voir mon médecin généraliste ce soir, qui va pouvoir me prescrire de nouveaux examens.

À 18 h, je quitte le bureau. Je ne suis pas partie aussi tôt depuis des mois, étant plutôt adepte du 20 h 30 minimum. Mon médecin habituel est en congé maternité et j'expose ma situation à l'une de ses collègues, le Dr Céline. Mes résultats d'analyse la laissent très perplexe :

— Des β-HCG à 81 alors que vous êtes à cinq semaines d'aménorrhée, ça ne dit rien qui vaille. Votre bébé a peut-être vécu quelques heures, quelques jours, mais je préfère vous prévenir que malheureusement, il est très fort probable que vous ayez fait une fausse couche.

Ma gorge se noue.

— C'est votre premier bébé ? continue-t-elle.

— Oui, dis-je dans un souffle.

— C'est très fréquent. Environ une femme sur quatre ou cinq fait une fausse couche. Généralement, c'est la division cellulaire qui s'arrête de manière précoce. On ne peut rien faire.

Ces pourcentages sont-ils censés me réconforter ? Il n'en est rien pourtant.

Puis sans discontinuer et directive, alors que je me terre de plus en plus dans le silence :

— Voici ce que vous allez faire. Je vous prescris un nouveau dosage de β-HCG. Si vous faites la prise de sang à la première heure demain, vous aurez les résultats dans l'après-midi. Si votre taux a chuté ou stagné ou légèrement augmenté, c'est que vous faites une fausse couche. Sans vouloir être pessimiste, c'est l'hypothèse la plus plausible. En parallèle, vous allez faire une échographie. Voici le nom de deux échographistes dans le quartier. Vous me tenez au courant. Envoyez-moi vos résultats dès que vous les avez.

Elle me tend un papier avec son adresse mail. J'ai des larmes plein les yeux, mais j'arrive à me contenir.

— Souhaitez-vous un arrêt de travail pour demain ?

— Non. Ça va aller. J'ai beaucoup de travail et je pars en week-end prolongé demain soir en Bourgogne chez mes beaux-parents, dis-je d'une voix brisée.

— Rappelez-moi demain matin si vous changez d'avis. Je vous le ferai.

Je la regarde. C'est la deuxième fois qu'un médecin, de lui-même, propose de m'arrêter.

Elle poursuit :

— Si les résultats confirment la fausse couche, il faudra que vous preniez rendez-vous à l'hôpital. Ils vous feront prendre une pilule abortive qui vous fera avoir vos règles. Il y a aussi la possibilité d'aspiration.

Je me souviens parfaitement de ce que je ressens à cet instant précis. Je suis complètement dépitée. « Surréaliste » est l'adjectif le plus approprié. Ces paroles ne peuvent pas m'être destinées. Le médecin est en train de parler à une personne juste derrière moi. Et j'ai beaucoup de compassion pour cette personne. Dans un réflexe, je me retourne. Mais je suis seule. Terriblement seule. Il n'y a personne d'autre que moi dans cette salle de consultation. J'entends les mots et je comprends leur signification. Leur horrible sens. C'est d'une violence! Jamais, oh non, jamais je n'aurais imaginé qu'une grossesse, ma grossesse, puisse se passer ainsi. Dans mon imaginaire, ce n'était que des moments de bonheur à vivre.

J'étais, à cette époque et sur ce sujet, d'une naïveté incroyable. Cruelle réalité.

Je réussis à me lever du fauteuil, sors du cabinet et descends les escaliers de bois, n'étant pas bien sûre de mon équilibre. En un quart d'heure de temps, je me suis pris claque sur claque. Et je suis KO. Complètement abasourdie par ce que je viens d'entendre. Sonnée. Abattue.

Je suis à cinq minutes de chez ma sœur. Je prends mon portable pour savoir si je peux passer. Puis me ravise. Maxime doit être le premier à savoir. Je décide de marcher jusqu'à la maison. J'en ai pour une demi-heure, mais prendre le métro ne me semble pas envisageable. Je préfère être à l'air libre. J'avance, en étouffant mes sanglots. J'ai du mal à réaliser ce qui m'arrive. Je porte un bébé mort. Je parviens à l'appartement avant Maxime et me demande comment je vais lui annoncer la nouvelle. La triste nouvelle.

Pas le loisir de réfléchir longtemps. Déjà, je l'entends monter les escaliers, la clef tourner dans la serrure et sa voix guillerette :

— Je suis rentré !

Je viens l'embrasser.

— On ouvre les résultats ? me demande-t-il d'un air joyeux.

Je lui prends la main et l'invite à s'asseoir sur le canapé. Je ne sais pas comment tourner les choses, mais je sais que lorsqu'on a une mauvaise nouvelle, il faut l'annoncer tout de suite sans détour.

— J'ai ouvert les résultats ce matin.

Je lis l'étonnement et l'incompréhension sur son visage.

— Mais pourquoi ? On avait dit qu'on le ferait à deux ?

Ma voix tremble et des larmes se mettent à rouler sur mes joues.

— Mais qu'est-ce qui se passe, ma chérie ?

— J'ai ouvert les résultats car j'avais l'intuition qu'il fallait que je les ouvre. Je suis allée voir le médecin ce soir et les nouvelles ne sont pas bonnes. Je suis bien enceinte, mais malheureusement, je fais une fausse couche. Mon taux de β-HCG est plus bas qu'il ne devrait l'être.

— Ton taux de quoi ?

Je lui tends alors mes résultats d'analyse qu'il lit attentivement.

— Mais où est-ce écrit que tu es enceinte ?

Tout comme moi, il s'attendait à une réponse claire sur les résultats d'analyse. Je lui explique qu'une femme enceinte sécrète un type d'hormones spécifiques : les β-HCG. Ce sont elles qui sont repérées par le test urinaire de grossesse puis l'analyse sanguine. J'ai bien cette hormone, mais elle est trop faiblement concentrée par rapport à mon nombre de semaines d'aménorrhée.

Maxime me questionne, se questionne, analyse les tableaux, la concordance des dates. Il prend sa tablette et se met à chercher des informations complémentaires sur internet. Il veut comprendre, c'est sa manière de réagir. Je suis assise à côté de lui. Je le regarde faire. Moi, je me sens vide et sans force. Incapable d'entreprendre quelque chose. À quoi bon chercher ? La messe est dite. Je prends pour acquis ce que le médecin m'a annoncé. Et avec le recul, toute la conversation que j'ai eue avec la sage-femme le matin même, ses paroles modérées, sont passées aux oubliettes. Je n'ai plus en tête que le discours tranché, alarmiste et pessimiste du médecin.

Tandis que nous préparons le dîner, je me mets à pleurer à gros bouillons. Maxime me prend dans ses bras en me disant « Ça va aller, chérie, ça va aller. » Nous passons le dîner à discuter des résultats, des dates, à compter et recompter encore. Le soir, une fois couchés, nouvelle crise de larmes. J'ai du mal à me dire que tout est fini alors même que je ressens toujours des tiraillements dans le bas-ventre.

Oscillations dangereuses

Le matin, premières pensées, premiers sanglots. Je file faire ma prise de sang très tôt et j'arrive à 8 h au bureau. Il n'y a encore personne. J'en profite pour prendre rendez-vous dans un centre d'échographie le jour même, à 12 h 30. Il est à trois quarts d'heure de transport de mon lieu de travail et, vraisemblablement, je n'aurai pas le temps de déjeuner, mais c'est celui que le Dr Céline m'a recommandé. J'essaie de me concentrer du mieux que je peux durant cette matinée. Puis je file. Dans le métro, Maxime m'appelle pour savoir comment je vais, me soutenir et me réconforter. La gorge nouée, j'essaie d'articuler quelques phrases. Il me demande de le rappeler dès que je sors du centre.

Une fois arrivée, j'explique la situation aux secrétaires à l'accueil et je me retrouve bientôt dans une petite salle d'examen sans fenêtre, plongée dans la pénombre. Le matériel semble très moderne, mais c'est si sombre que l'atmosphère me paraît lugubre !

Je suis seule. Je m'assois en tailleur sur le fauteuil médical et regarde autour de moi. En face, un écran avec la liste des patients du jour et le motif de leur consultation. Certains ont rendez-vous pour leur cœur, d'autres pour leurs poumons. Tandis que je me contrains à respirer calmement pour ralentir les battements de mon cœur, j'entends le médecin arriver. Une quarantaine d'années, cheveux poivre et sel, blouse blanche, il entre d'un pas décidé.

— Bonjour. Je suis le Dr Horace. C'est pour une échographie du premier trimestre ?

Là, je me dis que les secrétaires n'ont strictement rien compris à ce que j'ai pu leur dire.

— Pas vraiment. C'est le Dr Céline qui m'envoie faire une échographie suite à des résultats de β-HCG bas, à 81 à cinq semaines d'aménorrhée.

D'un air agacé, il me répond :

— 81 ! Mais ça ne sert à rien de venir ! On ne va rien voir ! Je visualise très bien qui est le Dr Céline. Elle est bien gentille, mais elle n'y connaît rien en obstétrique.

Je me sens mal à l'aise. Ce n'est déjà pas facile d'être là, mais à présent, j'ai l'impression de n'avoir rien à y faire.

— Je peux revenir plus tard si vous le souhaitez et l'estimez plus pertinent.

— Non, vous êtes là, alors je vous examine. Peut-être avez-vous mal quelque part ?

— Non. J'ai juste des tiraillements dans le bas du ventre, particulièrement le soir.

— On va regarder tout cela.

Il presse alors un tube de gel froid et aqueux et pose sa sonde, qui ressemble à un bipper d'inventaire, sur mon ventre. Après quelques instants, il conclut :

— Bon, on ne voit rien. On va passer par l'intérieur. Vous savez ce qu'est une échographie pelvienne ?

Je hoche la tête. Il me tend alors une autre sonde, de forme allongée cette fois, après y avoir mis un préservatif et rajouté du lubrifiant. Il regarde mes ovaires, mon utérus qui s'est bien épaissi pour accueillir un bébé, il voit le sac gestationnel qui est parfaitement positionné dans l'utérus. L'embryon n'est pas encore visible.

— Tout semble normal. C'est à confronter avec un nouveau dosage de β-HCG.

— J'ai justement fait une prise de sang ce matin, m'empressé-je de lui dire.

— Appelez le laboratoire pour avoir le résultat. Si elles ont baissé ou qu'elles sont en dessous de la barre des 400, c'est que votre grossesse n'est pas viable.

Il feuillette alors un dossier jusqu'à trouver le tableau qu'il cherche, puis ajoute :

— Il y a une chance que tout se passe bien si elles sont à 600. Je vous laisse vous rhabiller.

— Je vais appeler. Est-ce que ça vous intéresse de connaître ce qu'ils me disent, ou peut-être serez-vous occupé avec d'autres patients ?

— Détrompez-vous, contrairement à d'autres collègues, je suis très impliqué. Vous appelez et m'interceptez dans le couloir pour me dire.

— D'accord, très bien.

Il sort de la pièce. Je compose, fébrile, le numéro du laboratoire. J'espère qu'ils accepteront de me délivrer les résultats au téléphone.

Ça sonne. Puis quelqu'un décroche.

— Bonjour, j'ai fait une prise de sang tôt ce matin, des β-HCG. Auriez-vous les résultats, s'il vous plaît ? Je suis en train de passer une échographie et le médecin en aurait besoin.

Après quelques vérifications d'identité, elle annonce :

— 1030.

Mon cœur bondit dans ma poitrine ! Ai-je bien entendu ? Je préfère reconfirmer.

— 1030, c'est bien cela ?

— Oui, tout à fait.

— Merci beaucoup, bonne journée, au revoir !

Mazette, 1030 ! C'est bien au-dessus de 600 ! Je n'en reviens pas. Tout n'est donc pas perdu ! Je sors dans le couloir. Le docteur passe justement à ce moment-là.

— J'ai les résultats !

Il m'interroge du coin de l'œil.

— 1030 ! dis-je d'un air triomphant.

Il sourit et conclut :

— Tout va bien alors.

— Je suis tellement contente de ne pas avoir à prendre de pilule abortive ou faire une aspiration. Ces horribles mots prononcés par le Dr Céline m'ont véritablement glacée !

Je récupère mon échographie et le compte-rendu à l'accueil, folle de joie. Avant de partir, j'appelle les deux maternités dont nous avons parlé avec Joséphine, ma sage-femme, et je réserve une place sans difficulté. Puis j'essaie de joindre Joséphine.

Elle décroche tout de suite. Je lui annonce la bonne nouvelle, lui lis le rapport d'échographie qu'elle qualifie de « parfait ».

— Vous allez pouvoir souffler ce week-end, vous reposer et penser à autre chose.

Je la remercie chaleureusement. Je lui suis tellement reconnaissante !

J'appelle ensuite Maxime qui n'en revient pas. Lui aussi avait enterré ses rêves d'être père à court terme. Nous avons hâte de nous retrouver dans le train et de regarder ensemble les clichés d'échographie. Nous sommes soulagés et heureux.

Le train s'ébranle en direction de la Bourgogne tandis que nous contemplons l'échographie. En réalité, on ne voit pas grand-chose, mais ce « pas grand-chose qui va bien » nous contente amplement. Nous lisons le rapport plusieurs fois. Nous sommes ravis ! Et dire que ce matin encore, je pleurais au réveil, alors qu'à présent, je suis tellement contente et confiante.

Assis derrière nous, un couple d'une cinquantaine d'années. Des mots, des phrases d'une dureté ! Pas de cri, pas même d'éclat de voix. Mais des reproches. Tout un tas de reproches. De la destination des vacances au manque continuel d'égard l'un envers l'autre. Un sacré contraste avec nous qui évoquons un avenir familial radieux.

Les vacances d'été approchant, il nous faut déjà planifier l'échographie du premier trimestre qui tombe lorsque nous serons chez mes beaux-parents. Mince ! D'autant qu'il faut la faire à des dates précises. Nous n'avons pas trop le choix, il va falloir les prévenir de ma grossesse ce week-end. Trois raisons nous décident. Tout d'abord, n'étant pas immunisée contre la toxoplasmose, nous préférons les avertir afin de ne prendre aucun risque lors des repas. Ensuite, je suis la première à ne pas résister à une coupe de crémant et à faire honneur au vin de Bourgogne. Nul doute que l'absence d'alcool pendant le séjour va forcément éveiller les soupçons. Enfin, nous ne connaissons pas d'échographiste, mais eux pourront peut-être nous aider à trouver un bon professionnel de santé. Alors que nous approchons de notre destination, je propose à Maxime :

— Annonçons-leur à l'apéritif ou à table.

— Oui, bonne idée !

— C'est mieux si c'est toi qui leur dis. Tu es leur fils.

— D'accord.

— En revanche, est-ce que tu peux ne pas commencer par « *nous avons une bonne nouvelle* » ?

— Pourquoi ? C'est une bonne nouvelle !

— Parce que je te rappelle qu'il y a de cela une paire d'heures seulement, nous pensions que je faisais une fausse couche. J'aimerais être prudente et ne pas créer trop de joie. Nous sommes loin, très loin des trois mois révolus. Tout peut arriver.

— On verra. Les mots viendront spontanément.

— Non, je ne plaisante pas ! Je voudrais que tu

mettes beaucoup de conditionnel. Il faut leur expliquer pourquoi on leur dit si tôt. Je ne veux pas qu'ils se réjouissent trop vite.

Arrivés en Bourgogne, nous passons la première soirée en famille avec le frère de Maxime. Ouf, il n'y a que des choses que je peux manger. C'est le lendemain, à table, que nous abordons le sujet. Et là, ça n'a pas raté.

— Nous avons une bonne nouvelle à vous annoncer !

Inutile d'en douter, je fusille Maxime du regard. Sa mère, assise à ses côtés, pivote vers lui en s'exclamant :

— Ah bon ? Ah bon ?

Maxime ne tourne pas autour du pot :

— Diane est enceinte !

Sa mère, soudain montée sur des ressorts, est rose de joie ! Il faut dire que ce petit-enfant, elle l'attend depuis longtemps. Son fils approche de la quarantaine. Elle joint alors les deux mains, comme si elle remerciait le ciel, un grand sourire aux lèvres.

Je me souviens de la première fois que je suis venue en Bourgogne pour rencontrer ses parents. Je n'étais pas arrivée depuis dix minutes qu'elle me montrait une photo de la fille de son cousin, la qualifiant d'adorable. Quelle joie ce serait pour elle d'avoir des petits-enfants ! Au moins, le message était clair.

Je m'empresse de modérer les propos de Maxime.

— En effet, je suis enceinte et on vous l'annonce bien avant les trois mois. Hier encore, nous pensions que le bébé n'était pas viable. Nous avons fait le choix de vous le dire tout de suite. D'une part, parce qu'il y a plein de choses que je ne peux plus manger, n'étant pas immunisée contre la toxoplasmose. Il faut vraiment bien laver les légumes et la viande que je mange doit être bien cuite. Ensuite, je dois faire une échographie importante à des dates précises et ces dates tombent pendant notre séjour en Bourgogne cet été. Peut-être connaissez-vous un bon obstétricien ou échographiste ? Ou peut-être votre médecin généraliste peut-il vous conseiller quelqu'un ?

La soirée se termine sur ces considérations. Nous montons nous coucher et avant de fermer la porte de notre chambre, j'entends les parents de Maxime se prendre dans les bras. Le beau-père de Maxime demande alors :

— Tu es heureuse ?

Sa femme acquiesce dans un soupir de contentement.

De retour à Paris, je prends rendez-vous avec mon généraliste, toujours en congé maternité. Je rencontre une autre remplaçante, le Dr Jeanne. Je ne l'ai jamais vue. C'est une grande blonde aux yeux bleus, cheveux légèrement ondulés, à la peau rosée. À la fois très naturelle et pulpeuse, elle dégage une vraie douceur tout en ayant l'air complètement dans la lune.

— Oh, mais je vois qui vous êtes ! Le Dr Céline nous a parlé d'une jeune femme qu'elle suspectait de faire une fausse couche mais dont les nouveaux résultats de β-HCG étaient très rassurants. Ce doit être vous.

— Oui, je suppose. Je viens afin que vous me prescriviez l'échographie du premier trimestre. J'ai aussi entendu parler d'un test concernant la trisomie que j'aimerais passer.

J'ai le sentiment qu'elle m'a à moitié entendue lorsqu'elle me dit :

— Je vais vous prescrire une nouvelle échographie. Faites-la avec le même échographiste que la dernière fois si vous le pouvez. Cela permettra de confirmer la date de grossesse. Ensuite, vous reviendrez avec les résultats et nous remplirons ensemble une feuille médicale qui sert à réaliser le test de la trisomie. Mmmh – elle fouille sur l'ordinateur en plissant les yeux – je ne vois pas où est ce document sur le réseau, mais ce n'est pas grave.

Je la regarde, perplexe. Elle semble un peu stone avec son teint diaphane. Je récupère l'ordonnance qui n'est pas tout à fait celle que j'escomptais.

Deux jours plus tard, j'ai rendez-vous avec Joséphine, ma sage-femme. Je suis heureuse de la rencontrer, de mettre un visage sur celle qui m'a déjà tant aidée. J'attends dans la salle d'attente d'où me parvient le son de sa voix. Une voix grave, porteuse de mots bien articulés et prononcés distinctement, de sorte qu'ils s'imprègnent parfaitement dans mon esprit.

Une jeune femme, au moins enceinte de six mois avec un tel ventre, quitte son cabinet. C'est mon tour. Joséphine m'accueille et m'invite à m'asseoir. C'est amusant, je ne me l'imaginais pas ainsi. C'est une dame d'une quarantaine d'années, petite et menue, aux cheveux fins et raides et à l'air très attentif. Elle ouvre mon dossier et me demande une série de dates. Date des dernières règles, date du test de grossesse, date des premières β-HCG, puis des secondes. Date de l'échographie. S'il y a une chose dans laquelle je ne suis pas bonne, c'est bien dans les dates. Je les oublie, les mélange, les inverse : une catastrophe. Les noter me permet de ne pas me tromper.

Elle ne se contente pas de les reporter dans mon dossier mais les questionne.

— D'après la première échographie, la date de grossesse est estimée au 18 juin. Est-ce que cela vous semble cohérent ?

Honnêtement, cela ne m'aurait rien dit si Maxime ne m'avait pas fait remarquer que cela correspondait au week-end de son anniversaire.

— Oui, tout à fait cohérent.

— Plus qu'une date, c'est la cohérence qui importe, ajoute-t-elle.

Je lui parle de l'échographie que m'a prescrite « le médecin dans la lune » afin de confirmer la date de grossesse. Elle ne s'y oppose pas et me fait également une ordonnance pour l'échographie du premier trimestre. Je lui demande de m'expliquer le déroulé du test de la trisomie et là, je m'aperçois que c'est complètement différent de ce que « le médecin dans la lune » m'a dit. Un tel décalage n'est pas du tout rassurant. Un médecin généraliste n'est certes pas spécialisé dans les grossesses, mais tout de même ! L'échographie de confirmation de datation n'aurait été d'aucune utilité, car réalisée trop tôt pour vérifier l'épaisseur de la clarté nucale. Cette dernière, combinée à un examen sanguin et des facteurs tels que, entre autres, le poids et l'âge, permet de dépister des anomalies et notamment la trisomie 21. Mais cet examen, pour être valable, doit être fait à une période très précise.

Comme si elle lisait dans mes pensées, Joséphine s'arrête d'écrire, lève les yeux vers moi et me dit :

— Ce qui est important, c'est de ne pas multiplier les interlocuteurs. Vous pouvez choisir d'avoir deux médecins qui vous suivent. Par exemple, une sage-femme ou un médecin généraliste ou un gynécologue, ainsi qu'une personne dans l'hôpital dans lequel vous accoucherez.

J'opine du chef. C'est un très bon conseil.

Les jours passent jusqu'au mardi de la deuxième échographie de datation. Je me rends dans le centre un matin, tôt, avant d'aller au travail. J'y vais sans a priori. Je suis plutôt confiante. On m'installe dans la même salle, plongée dans la pénombre, toujours aussi lugubre. Je me fais la remarque qu'elle serait parfaite pour les vampires qui ne supportent pas la lumière du jour ! Réflexion complètement inappropriée qui me fait sourire et m'aide à passer le temps. Je regarde l'écran où mon nom, prénom et âge sont affichés. Je suis assise en tailleur. Et, comme la dernière fois, je respire profondément. Des respirations douces, calmes, pour ralentir les battements de mon cœur qui s'accélèrent le temps passant. Je suis sereine, mais avec une pointe d'appréhension. Je suis consciente que le résultat peut être positif comme négatif. Je ne m'attends à rien. J'espère, bien sûr. Mais quel qu'il soit, c'est la vie.

Sur ces réflexions, le Dr Horace arrive, toujours d'un pas décidé, comme dans un tourbillon.

— Bonjour, Docteur. Je ne sais pas si vous me reconnaissez. Je suis venue il y a deux semaines.

— Bien sûr. J'ai vu votre dossier avant de venir.

— On m'a prescrit une nouvelle échographie pour valider la datation et vérifier l'évolution. J'espère que je ne viens pas trop tôt cette fois et que cela a du sens. Mon médecin généraliste et ma sage-femme étaient d'avis que je vienne vous voir.

— Ne vous inquiétez pas, nous allons répondre aux questions de ces dames, dit-il d'un air supérieur.

Il me fait soudain penser à un coq jetant un regard fier sur sa basse-cour caquetante. Il a un côté bourru mais à la fois sympathique.

À nouveau, le gel froid et aqueux sur le ventre. Et le bipeur d'inventaire qui n'a pas l'air de renvoyer des images très nettes. C'est parti pour l'échographie pelvienne.

— Mmmh.

S'ensuit un silence. Il prend des mesures. Je le vois tracer des traits d'un endroit à un autre.

— Il y a un embryon. Mais c'est petit. C'est trop petit.

Nouveau silence. Puis je m'entends dire d'une voix encore claire :

— Ça veut dire qu'il n'évolue pas bien ?

La réponse tombe sans appel. Telle une guillotine.

— Malheureusement non. J'étais plein d'espoir pour vous avec l'augmentation de vos β-HCG, mais croyez-en mon expérience, je fais ça toute la journée, et l'embryon ne se développe pas bien. Le fait de n'avoir rien vu en passant par l'extérieur n'était pas un bon présage. L'embryon fait moins de deux millimètres et il devrait en faire six à ce stade. C'est votre premier, n'est-ce pas ?

— Oui.

Il pose la main sur mon bras en le tapotant d'un geste qui se veut consolateur.

— Je crains que ce que vous a dit le Dr Céline s'avère nécessaire.

Les mots, leur violence, leurs images me reviennent comme un boomerang : « Pilule abortive ». « Aspiration ». « Hôpital ». Ces horreurs. Tout va très vite dans ma tête.

— Que faut-il que je fasse ?

— Rien ne presse quant à la prise de cette pilule. Vous n'êtes pas obligée de la prendre aujourd'hui même. Vous pouvez attendre quelques jours. Mais il faut que vous alliez voir votre gynécologue ou l'hôpital pour qu'ils vous la prescrivent. Vous partez et rentrez quand de vacances ?

— Je pars après-demain et rentre le 28 août.

— Je n'attendrais tout de même pas quatre semaines.

— Est-ce que ma sage-femme peut me prescrire cette pilule ? Et vous, pouvez-vous me la prescrire ?

— Je ne suis pas habilité à la prescrire. Certaines sages-femmes peuvent le faire. Pas toutes. Il faut voir directement avec elle. Ça va aller ?

Je le regarde.

— Pour le moment, je tiens le coup, mais il n'est pas dit que je n'explose en larmes une fois que vous serez sorti.

— Je vais aller voir une autre patiente. Je suis dans une salle à côté. Restez le temps nécessaire ici. Prenez votre temps. Passez les appels que vous souhaitez. Si vous avez besoin de moi, interpellez-moi dans le couloir.

— D'accord. Merci.

Il sort comme il est entré. Dans un coup de vent. Je me retrouve seule dans cette salle sans fenêtre, au clair-obscur inquiétant. Je me sens sonnée, comme si je venais de prendre un coup de massue sur la tête. Je savais que le bébé pouvait ne pas bien évoluer. C'était pile ou face. Mais tout est allé si vite ! Ai-je bien entendu ? Suis-je bien là où je suis et non dans un mauvais rêve ? Je questionne la réalité de ce qui vient de se dérouler. Je ne sais pas trop ce que je dois faire. Qui je dois appeler en premier. Alors, je me lève du fauteuil et me dirige vers la petite salle à côté qui sert de vestiaire. Je me rhabille, prends mon portable et compose le numéro de Maxime. Peu de sonneries avant qu'il ne décroche.

— Allô, chérie ! Alors ?

— Malheureusement, dis-je en ravalant un sanglot, le bébé n'est pas viable.

— Comment ça ?

Ma voix se casse.

— Il est trop petit. Il fait moins de deux millimètres alors qu'il devrait en faire six minimum. Il va certainement falloir que je prenne une pilule abortive pour le faire partir.

— Tu vas travailler ? Tu veux rentrer ? Je suis à la maison, rentre, je suis là.

— J'ai un rendez-vous avec ma supérieure. Je vais aller travailler.

— Tu es sûre ? Fais-toi arrêter et rentre à la maison.

Je tiens bon et vais travailler. Avant de prendre le métro, j'appelle ma gynécologue Andrée et, comme d'habitude, je tombe sur un secrétariat partagé et qui n'est pas dans les locaux où elle exerce. Je demande à ce qu'on me la passe, mais elle ne commence pas avant 10h. Je n'ai franchement pas envie d'étaler ma vie, mais il me semble n'avoir pas le choix. Je souhaite être rappelée rapidement. J'explique la situation. La fille au bout du fil me dit qu'elle va transmettre le message au médecin.

Dans le métro, je pense à deux de mes amies qui sont tombées enceintes rapidement. Des grossesses normales. Des grossesses évolutives.

Je suis à côté de ma supérieure. Elle n'est qu'à quatre mois de grossesse, mais son ventre est déjà bien arrondi. Tandis que nous marchons, je me demande si je la préviens tout de suite, au début de la réunion ou à la fin. Je choisis tout de suite afin de pouvoir décrocher si ma gynécologue me rappelle.

J'essaie de parler le plus calmement possible, mais les tremblements de ma voix me trahissent bientôt :

— Je vais certainement être arrêtée les prochains jours. J'ai un problème de santé.

— Je vois bien que cela ne va pas très bien en ce moment. Tous ces rendez-vous médicaux…

Elle pose sa main sur mon bras.

— Tu peux me parler si tu veux. Je peux être une tombe.

L'invitation est bienveillante, mais c'est la dernière personne à qui j'exposerais ce qui m'arrive.

— Ça va aller. Je te remercie.

— Tu as des gens pour te soutenir ?

— Oui. Je suis bien entourée. Merci. Nous pouvons commencer la réunion si tu veux, dis-je sans lever les yeux.

Il est plus de 11 h 30 lorsque nous terminons notre point et ma gynécologue ne m'a toujours pas rappelée. Certes, elle ne commence qu'à 10 h et je ne suis peut-être pas l'urgence, mais tout de même ! Il n'y a pas mort d'homme, juste mort de bébé !

Il est vrai que lorsque vous êtes dans son cabinet, vous n'êtes pas interrompue par le téléphone et que son attention est focalisée sur vous. Mais lorsque c'est vous qui appelez et qui lancez un gros SOS, vous vous étonnez du manque de réactivité. Si je rentre chez moi et qu'elle a finalement une place entre deux rendez-vous, je vais devoir reprendre les transports et ce n'est pas la porte à côté. Je décide de rester travailler. J'ai une autre réunion l'après-midi. Le temps passe, et toujours aucun appel de ma gynécologue malgré des relances. Lorsque, enfin, elle me rappelle, je suis précisément aux toilettes où on ne capte pas et elle tombe sur mon répondeur. La tartine tombe toujours du côté beurré, c'est incroyable ! Après être passée par deux standardistes, j'arrive enfin à l'avoir au téléphone. Il est plus de 16 h. Elle m'écoute, puis finit par me dire qu'il vaut mieux que j'aille à l'hôpital où ils pourront me faire une prise de sang et une échographie. De son côté, elle n'a pas le matériel nécessaire. Cela doit faire un peu moins de cinq minutes que je suis au téléphone, l'âme en dérive, en besoin absolu de soutien, lorsqu'elle me dit :

— Je dois vous laisser, j'ai une patiente qui attend.

Bien sûr, je comprends, mais j'avoue que je m'attendais à un peu plus de sollicitude après avoir passé huit heures à essayer de la joindre.

Je décide de rentrer chez moi.

De retour à la maison, Maxime est là. Il me prend longuement dans ses bras. Puis je rassemble toutes mes analyses et file aux urgences de l'hôpital. Pas de temps à perdre. Nous avons en tête que l'attente peut être longue.

C'est la première fois que je viens dans cet hôpital, et il me fait l'effet d'un labyrinthe. Je demande mon chemin à la sécurité pour trouver le bâtiment des urgences. Une fois dans le bâtiment, une bonne âme m'indique le premier étage. Je prends l'ascenseur, tourne à gauche où il n'y a pas l'air d'avoir beaucoup d'activité. Reviens sur mes pas, tourne à droite et aperçois des sièges tout au bout d'un couloir. Je trouve l'accueil où j'explique la situation à une secrétaire médicale. Elle aussi me parle « d'aspiration » d'un air détaché tout en photocopiant mes papiers d'identité et d'analyses. Mais cette fois-ci, je ne m'emballe pas. Elle n'est pas médecin, encore moins obstétricienne. Je vais attendre gentiment de me faire examiner et de savoir ce que je dois faire. Elle prend tout de même ma tension, ma température et me demande de faire une analyse d'urine. Manque de chance, je suis allée aux toilettes avant de partir de la maison et n'ai aucune envie d'uriner. Je bois quatre verres d'eau consécutivement, histoire d'accélérer le processus. Puis m'assois. Je reçois un message de ma sage-femme Joséphine, que j'ai eu le temps de prévenir et qui vient aux nouvelles. Je lui fais part de ma déception et à quel point je trouve que tout ceci est dur. Sa réponse ne se fait pas attendre. « *Ce sont toujours des moments difficiles, le vécu d'une*

fausse couche, et c'est normal que vous soyez déçue. »
J'apprécie qu'elle prenne de mes nouvelles.

Je regarde mes différentes échographies pour patienter. Non loin de moi, de jeunes parents avec leur bébé de quelques mois. En mode jogging et cernes sous les yeux, ils bercent leur nourrisson comme ils le peuvent quand celui-ci se met à pleurer. À ma droite, une jeune femme au ventre bien arrondi qui respire le plus calmement possible. À ses côtés, son mari, mais pas que. Il a l'air d'y avoir aussi son père et sa mère ou ses beaux-parents. Quelle jolie réunion de famille!

Elle a mal. Elle respire et essaie de se calmer. Mais je l'entends régulièrement dire: « J'ai mal, j'ai trop mal! », des larmes plein les yeux et la voix. Et son compagnon de rétorquer: « C'est normal, c'est le travail! »

Merci bien, je pense qu'elle ne s'en doutait pas! Que les hommes peuvent être maladroits! Je ne connais pas sa douleur, mais on a tous en tête un moment où l'on a respiré ainsi pour calmer nos souffrances. Et dès que notre concentration n'est plus portée à deux cent pour cent sur notre respiration, un jet de douleur survient. Je ne sais pas comment je serai avec mon mari si j'ai un jour la chance d'accoucher. Mais il n'a pas intérêt à sortir de telles banalités, sous peine de se voir envoyer sur les roses. En même temps, pour un compagnon, un époux, ce ne doit pas forcément être évident de trouver sa place en salle de travail et d'accouchement.

La situation est quand même très ironique. Je suis à côté d'une jeune femme ronde comme un ballon et sur le point d'accoucher alors que je suis en train de faire une fausse couche. Les deux extrêmes.

Cela doit faire quarante-cinq minutes que je patiente quand une sage-femme prend en charge la jeune femme. Elle se présente et l'amène en salle de travail. Elle a l'air très douce. En mon for intérieur, je pense « *waouh, c'est l'aventure qui commence !* » De mon côté, j'arrive enfin à faire mon test urinaire. Il est temps, car une personne en blouse blanche m'appelle à présent. Elle s'appelle Marianne. Son badge indique que c'est une interne. Je lui demande si on peut attendre mon mari qui arrive dans moins de cinq minutes. Compréhensive, elle me propose de commencer par ouvrir mon dossier en l'attendant. Elle me pose les questions d'usage et regarde mes échographies. Je ne pleure pas, mais ma voix se brise souvent. J'ai une grosse boule dans la gorge, notamment lorsqu'elle me demande si c'est mon premier bébé. Je lui explique ma présence du fait d'une grossesse arrêtée et d'une pilule abortive que je dois apparemment prendre. C'est à ce moment que Maxime arrive, surpris que je sois prise en charge si rapidement. Nous passons à l'examen. Mon mari reste derrière le paravent. Puis vient l'échographie où il se tient debout à mes côtés, les yeux rivés sur l'écran. C'est la première fois qu'il voit le bébé, ou plutôt ce que l'on en voit, à savoir un sac avec un embryon à l'intérieur qui ressemble à une sorte de filament blanc. Je suis contente qu'il le voie. Il pose des questions, s'intéresse aux mesures.

Marianne est concentrée. Elle prend son temps. Elle regarde attentivement. Très attentivement. Trop attentivement. Je sens qu'il y a quelque chose qui ne va pas. Elle hésite, puis conclut :

— À mon sens, on ne peut pas parler d'une grossesse arrêtée. Je vais montrer les clichés à un autre médecin et je reviens. Vous pouvez vous rhabiller.

— Si c'est plus facile, je peux rester ainsi et le médecin venir ?

— Ne vous inquiétez pas. Les clichés suffisent.

Si vous pensez que je suis contente à cette nouvelle, détrompez-vous. Je ne veux plus espérer. Je ne veux plus être dans l'incertitude. Je veux savoir. Je veux passer à autre chose. Là, j'ai à nouveau le sentiment d'être dans le wagon d'un grand huit, et c'est reparti pour un tour ! J'exècre ces montagnes russes qui me font passer de l'espoir le plus fou au désespoir le plus sombre. Cet ascenseur émotionnel va venir à bout de moi. Moi qui me voyais déjà prendre cette pilule, saigner et repartir sur autre chose… J'ai besoin de tourner la page. Et vite. Mais non, je suis constamment entre deux eaux. On ne sait toujours pas. Et en effet, lorsque l'interne rentre à nouveau dans la salle d'examen :

— Je vous confirme qu'on ne peut pour le moment pas conclure à une grossesse arrêtée. Les dates sont discordantes par rapport au développement de l'embryon, mais vous prescrire une pilule abortive serait une faute professionnelle. Il n'y a pour le moment pas suffisamment d'éléments pour trancher.

— Que faut-il faire ?

— Attendre sept à dix jours et refaire une échographie. S'il n'y a pas d'évolution, on pourra conclure à une grossesse arrêtée. Il y a 25 % de chances que l'embryon se développe. Dans une grossesse normale, c'est 75 %, mais c'est toujours 25 % de chances. Ça vaut le coup d'attendre.

Nous réfléchissons aux dates. Dans sept à dix

jours, nous serons en vacances dans le Sud-Ouest. Difficile de trouver un gynécologue en plein mois d'août. Mais nous allons chercher. J'envisage, à haute voix, de prendre cette pilule juste avant notre départ en Islande, ou en Islande si jamais la grossesse n'évoluait pas.

— Je vous le déconseille. Cette pilule provoque des contractions de l'utérus. Il peut y avoir des cas d'hémorragie. On peut perdre par exemple jusqu'à 1,5 L de sang, soit plus que dans un accouchement. Il vaut mieux que vous soyez près d'une structure de santé si vous choisissez de prendre cette pilule.

— Quels sont nos autres choix ?

— La méthode naturelle. Vous allez avoir vos règles, de fortes règles. Ou l'aspiration. C'est une opération en anesthésie générale qu'il faut programmer.

— Est-il possible de la faire en anesthésie locale ?

— Oui, mais je le déconseille. Ce n'est pas agréable à entendre.

Elle mime alors le bruit d'une aspiration. De ce détail, je me serais passée, mais effectivement, mieux vaut être endormie.

Nous partons. Nous ne sommes pas plus avancés sur la viabilité de ce bébé, mais nous avons le sentiment d'avoir été pris en charge avec beaucoup d'attention, de douceur et d'avoir eu le temps nécessaire dont nous avions besoin pour poser toutes nos questions.

Le lendemain, je passe des appels dans tous les sens dans les hôpitaux et cliniques du Sud-Ouest. J'explique ma situation, parfois mêlée de quelques pleurs. Néanmoins, aucune place. Même son de cloche, que ce soit dans le public ou le privé. Impossible d'obtenir un rendez-vous. La seule solution est les urgences, mais je risque fort d'attendre longtemps.

J'appelle Joséphine qui est en journée off. J'ai vraiment le chic pour l'appeler durant ses repos ! Je n'ai pas grand-chose à ajouter par rapport au sms de la veille. Et pourtant, nous passons plus d'une heure au téléphone. Une conversation décisive. Une conversation qui me fait un bien fou et me permet de prendre les bonnes décisions, c'est-à-dire les décisions qui me correspondent.

Elle est en phase avec le diagnostic de l'interne. Le mieux est d'attendre, même si les chances que ma grossesse évolue sont faibles. L'incertitude ne devrait plus être trop longue à présent. Une dizaine de jours maximum. Concernant la pilule abortive, elle me déconseille, tout comme l'interne, de la prendre en Islande.

— Je ne devrais peut-être pas vous le dire, mais j'ai aussi fait des fausses couches et j'ai été amenée à prendre cette pilule. Elle provoque des contractions de l'utérus quelques heures après la prise et cela fait mal. Voire très mal, d'autant qu'elles ne sont pas naturelles mais provoquées par un médicament. Si vous la prenez, il faut que vous soyez près d'une structure médicale, que vous soyez arrêtée et surtout bien entourée, dans un environnement connu, m'explique-t-elle.

— Mais ma supérieure démissionne et je vais avoir très peu de temps pour qu'elle me transmette certains dossiers. Je me vois mal être arrêtée toute une semaine.

— J'ai fait moi aussi cette erreur. Je suis allée travailler alors que j'aurais dû m'arrêter. J'ai passé huit heures debout. J'ai fait mon travail. J'avais mal. Je ne me suis pas plainte. Mes chefs n'en ont pas été plus reconnaissants pour autant. Vous n'êtes pas obligée de faire cela pendant vos vacances.

— Mais si je décide de le faire tout de même pendant mes vacances, pensez-vous que je doive annuler notre voyage ?

— Vous êtes fatiguée. Vous avez besoin de vacances, de vous reposer et aussi de changer d'air et de cadre. N'allez pas pour autant mettre votre vie en danger en la prenant pendant votre voyage en Islande. Il n'y a aucune urgence. Il n'y a pas de risque infectieux. Donnons une chance à la nature de faire son travail.

Nous sommes d'accord sur ce point. Je décide donc de ne pas prendre cette pilule tout de suite et d'attendre. Si rien ne se passe, je la prendrai à mon retour d'Islande, donc chez mes beaux-parents. Ce n'est pas l'idéal, mais avec un peu de chance, le bébé partira naturellement. Je poursuis :

— Du temps de ma mère, il n'y avait pas tout ce suivi. À son époque, on attendait, c'est tout.

— C'est vrai que votre grossesse est très médicalisée. Et qu'on ne sait toujours pas. Vous êtes entre deux eaux. Il faut que vous attendiez. Vous savez aussi qu'il y a une faible chance que cette grossesse aboutisse, même s'il y a encore de l'espoir. Les échographies permettent de voir l'évolution à un moment T. Elles ne sont pas prédictives. Il faut en faire plusieurs pour pouvoir tirer des conclusions sur l'évolution.

— La réalité est que je me serais bien passée de quelques rendez-vous médicaux. J'ai quand même eu droit à *« Vous êtes en train de faire une fausse couche. »* À *« Tout est normal, vos β-HCG sont à 1030.* » Puis à nouveau « *Votre grossesse n'est pas évolutive.* » À « *On ne peut pas encore conclure qu'elle n'est pas évolutive.* » Tout cela en l'espace de quelques semaines. Il faut avoir le cœur bien accroché !

— Tous les médecins ne vous accompagneront pas de manière positive. En tout cas, il est trop tôt pour tirer des conclusions définitives.

Avec le recul, je me suis rendu compte de plusieurs choses. La plus importante, et c'est du bon sens, on ne maîtrise rien dans une grossesse. Et bien souvent, on ne sait pas. Vous ne savez pas et les professionnels de santé sont finalement dans le même flou que vous. Ils ne peuvent pas conclure. Du moins, pas tout de suite. Cela n'est ni entre leurs mains, ni entre les vôtres.

Ce que j'écris paraît très banal, mais dans nos sociétés occidentales où tout semble être maîtrisable et mesurable, c'est parfois difficile à accepter. Alors, quand en plus, on a tendance à vouloir prévoir et anticiper, la grossesse est une belle leçon de vie : accepter de ne pas savoir, accepter de ne pas contrôler, accepter d'être dans l'attente. La sagesse voudrait que l'on ne se projette pas trop, du moins au début, tant l'équilibre de la vie semble fragile et incertain.

Les grossesses sont très médicalisées en France. C'est rassurant pour les parents ; le suivi est encadré et en plus gratuit. Il est néanmoins important de choisir un nombre restreint de personnes qui vont suivre votre grossesse et de tisser des relations de confiance. Multiplier les interlocuteurs, c'est obtenir des informations diverses et variées et prendre le risque d'un résultat confus et peu rassurant. J'ai pu avoir la sensation qu'il y avait parfois autant d'avis que de médecins. C'est la raison pour laquelle j'ai aussi abandonné l'idée de faire une échographie dans le Sud-Ouest. D'une part, personne ne pouvait me prendre, ce qui réglait le problème. D'autre part, je me suis dit que la machine serait différente de celle utilisée par l'hôpital parisien. Les mesures prises varieraient en conséquence. Pour exemple, les deux échographies passées dans la même journée mais sur deux machines différentes ont révélé un embryon de moins de deux millimètres d'un côté et trois millimètres et demi de l'autre. On parle en millimètre, alors effectivement, la différence est minime. Mais lorsque vous êtes des parents inquiets de ce qui se passe et qu'en plus vous n'y connaissez rien, vous avez la sensation que de passer d'une mesure du simple au quasi double, c'est significatif !

Par ailleurs, rencontrer moins de professionnels m'aurait permis d'éviter de vrais grands huit émotionnels dont je me serais bien passée. Certains médecins sauront vous dire les choses de manière douce et constructive. D'autres vous balanceront simplement leur diagnostic, d'ailleurs pas forcément juste. Souvenez-vous de ma première conversation avec ma sage-femme Joséphine et du diagnostic du médecin remplaçant. Après discussion avec la première, j'étais sereine, et pourtant, elle m'avait clairement dit que j'étais peut-être en train de faire une fausse couche. Néanmoins, son discours n'était pas tranché, étant donné qu'il n'y avait pas suffisamment d'éléments à ce stade pour parler de fausse couche. De l'autre, j'avais un discours très alarmiste, quasi sans espoir en envisageant déjà les actions à mener en cas de fausse couche. Deux médecins, deux discours, deux manières très différentes de dire les choses, ceci dans la même journée ! J'aurais pu rester sur les propos de ma sage-femme, et cependant, je me suis pris une telle claque à l'écoute du diagnostic du médecin et l'ai vécu de manière si violente que j'ai passé la soirée et le réveil du lendemain à pleurer… pour rien ! Car le jour suivant, mes β-HCG avaient augmenté de manière conséquente.

Enfin, choisissez des praticiens qui vous expliquent toutes les options à votre disposition et puissent assumer leur propos. Deux des quatre professionnels de santé ont évoqué uniquement la pilule abortive et l'aspiration sans parler de la troisième solution la plus simple, la plus naturelle : ne rien faire et attendre. Lorsque je suis allée à l'hôpital, je pensais vraiment qu'il fallait que je prenne cette pilule rapidement ! Or, il n'y avait aucune urgence et d'autres alternatives existaient.

C'est comme si vous alliez voir un gynécologue et qu'il vous proposait en moyen de contraception la pilule et le préservatif, sans parler du stérilet, patch, anneau contraceptif, implant, diaphragme ainsi que des autres méthodes qui existent. Or, parmi toutes ces contraceptions, il y en a sûrement une plus adaptée à votre mode de vie, votre corps, votre santé, vos envies, vos convictions.

Peut-être m'a-t-on parlé de la pilule abortive et de l'aspiration parce que ce sont les méthodes les plus privilégiées par les patientes ? Choisir d'attendre, c'est en effet accepter de porter un corps sans vie jusqu'à ce que votre organisme l'évacue. L'idée peut déranger. Je comprends qu'on puisse vouloir prendre cette pilule le plus rapidement possible pour tourner la page et écrire une autre histoire. Attendre, c'est aussi être moins dans le contrôle, car on ne sait pas exactement quand le processus va arriver. L'avantage de la pilule abortive est que vous pouvez choisir le moment où vous la prenez. Vous êtes chez vous, dans un lieu connu et confortable et savez que le process débutera quelques heures après. Encore une fois, vous avez la sensation d'avoir la main sur ce qui se passe. En revanche, les contractions sont peut-être plus douloureuses car non naturelles.

Il n'y a pas de méthode meilleure que l'autre. Il y a ce qui vous correspond le mieux. Chacune a ses avantages et inconvénients. Je dirais même que les avantages de l'une sont les inconvénients de l'autre et vice-versa. Peut-être que la plupart des femmes s'orientent vers la pilule abortive, mais vous n'êtes pas toutes les femmes. Vous avez le droit de penser différemment, de ressentir les choses comme bon vous semble et de faire un choix en connaissance de cause. Votre caractère, vos envies mais aussi les circonstances du moment feront que vous pencherez vers l'une ou l'autre solution.

Je suppose aussi que parfois, on peut ne pas avoir le choix et se voir prescrire une aspiration parce que c'est ce qui est le plus adapté à son cas. Ou parce que naturellement, l'utérus n'a pas expulsé tout ce qu'il y avait.

Il me semble également qu'un médecin qui annonce une fausse couche devrait pouvoir délivrer cette pilule abortive. Je trouve ça finalement assez facile d'annoncer un diagnostic sans aller jusqu'au bout de la démarche. Car il n'y a pas grand risque à dire des choses qui ne sont pas suivies par des actes. Alors que lorsqu'il s'agit de délivrer un médicament qui va tuer la vie en vous ou permettre l'évacuation de « l'ex-vie », c'est beaucoup plus engageant.

L'attente

Fin juillet 2017. Nous partons en congés. D'abord près de l'océan Atlantique. L'air marin vivifiant nous fait du bien à tous les deux. Nous nous reposons, dormons beaucoup en essayant de ne pas trop penser à la prochaine échographie, celle qui nous donnera enfin la réponse à la question de l'évolutivité de ma grossesse. J'ai retrouvé un message adressé à une amie au courant de ce que nous traversions et qui prenait des nouvelles. Voici ce que je ressentais alors : « *Je me sens vide. Un peu l'impression de vivre sans vivre, c'est-à-dire que tout me coule dessus sans accroche ni saveur. Mais ça va. Nous avons été bien accompagnés à l'hôpital et par ma sage-femme. Nous attendons l'échographie qui pourra nous apporter une réponse définitive. Mais si on fait des calculs, c'est complètement improbable que cela fonctionne.* »

Malgré tout, j'espère sans y croire vraiment. Lorsque j'ai quelques sensations dans le bas du ventre, une pensée positive me traverse l'esprit. C'est peut-être le bébé qui évolue !

L'attente peut être désagréable et source d'angoisse, mais elle participe aussi à la préparation psychologique de ce qu'on va vous annoncer. 25 % de chances que ma grossesse évolue. 75 % que l'on m'annonce que mon bébé n'est pas viable. Les chiffres parlent d'eux-mêmes, même si on n'est pas à l'abri d'une bonne surprise !

Nous finissons de préparer notre voyage en Islande. Baroudeurs comme nous sommes, ce sera un voyage sac à dos en mode camping, les prix des hôtels et, de manière générale, le coût de la vie étant très élevés. Exit la chambre de charme et bienvenue à notre tente flambant neuve ultra légère et bien imperméable ! Nous prévoyons beaucoup de randonnées dans les paysages ô combien somptueux de l'Islande. Le clou de notre voyage sera une excursion de plusieurs jours, en totale autonomie, dans le Landmannalaugar. Nous nous réjouissons de ce voyage !

Le soir tombe doucement sur le sud-ouest de la France. Une belle nuit d'été dans un coin de paradis. Tout est calme et apaisé. Nous sommes maintenant à la campagne, sur la terrasse où nous avons dîné. Face à nous, des arbres centenaires et derrière, un étang où viennent se poser des dizaines de canards sauvages aux « coin-coin » volubiles. Je rentre faire la vaisselle tandis que la conversation s'anime autour de l'intelligence artificielle. Quand soudain, je sens quelque chose de liquide et chaud. Je laisse tout en plan et file aux toilettes. Du sang. Juste une larme de sang.

Je m'éclipse et sors prendre l'air. Les voix se font plus lointaines. Difficile de décrire ce que je ressens. Je suis calme. Je n'ai pas mal. Je m'attends juste à perdre beaucoup de sang. Je marche lentement à travers les herbes hautes qui glissent entre mes doigts. Je puise de l'énergie dans la nature bienfaitrice. Le soleil se couche doucement, laissant ses rayons dorés caresser l'eau. Le spectacle est absolument magnifique. Les minutes s'égrènent, l'étang se teinte de reflets rosés tandis qu'une lune, ronde comme le ventre d'une femme enceinte, monte dans le ciel. Soudain, sortant des champs, l'air tranquille, je vois à cinq mètres de moi deux ragondins. Une mère et son bébé, de la taille d'un petit chat. Ils s'arrêtent et, tandis que la mère s'empresse de rejoindre l'eau, le petit me regarde, l'air circonspect. Peut-être est-ce la première fois qu'il voit un humain. Puis il se jette à l'eau. J'ai dû troubler leur tranquillité. Un sourire se dessine sur mes lèvres. L'ironie de la vie : il y a des bébés partout ! Même la nature m'en met un sous les yeux alors que je perds le mien !

Lorsque je rentre à la maison, le soir est tombé. Le chant des grenouilles a remplacé celui des grillons. Place aux premières étoiles et aux chauves-souris.

Je pensais saigner beaucoup, mais finalement je ne saigne pas et ne saignerai pas plus les prochains jours. Quelques pertes marron seulement. Il est temps de rentrer à Paris et de faire cette échographie.

Urgences de l'hôpital. Nous connaissons à présent le chemin. Nous attendons sur des chaises dans le couloir. Nous ne tardons pas à être appelés. Nous avons de la chance, c'est la même interne, Marianne, accompagnée cette fois d'un jeune étudiant. Il commence à m'ausculter, mais est encore assez maladroit et peu sûr de ses gestes. J'esquisse un sourire bienveillant lorsqu'il me dit que saigner pendant sa grossesse ne signifie pas forcément perdre son bébé. Marianne prend le relais lors de l'échographie pelvienne. Encore pelvienne, car on ne voit rien de l'extérieur.

— Voyons voir, dit-elle.

Ses yeux sont rivés sur l'écran. Après quelques secondes, d'une voix très douce, elle nous annonce :

— Je suis vraiment désolée. Votre grossesse n'est malheureusement pas évolutive.

Je la regarde. Je regarde l'écran. Puis je demande :

— Dans combien de temps pensez-vous que je vais perdre le bébé ?

— À la forme du sac, il est probable que vous le perdiez naturellement dans quatre à cinq jours. Je vais vous expliquer.

— Excusez-moi, l'interrompt Maxime. Est-ce que je peux sortir boire un verre d'eau, s'il vous plaît ?

— Bien sûr, il y a une fontaine d'eau à l'accueil.

Son teint est blafard. Le dos appuyé contre un meuble, Maxime ne se sent pas bien. Et c'est en titubant qu'il sort de la salle d'examen. Je tiens le coup, mais c'est extrêmement douloureux pour moi de constater qu'il est aussi mal. Les larmes montent à mes yeux. Non pas du fait de l'annonce, mais bien plus de le voir souffrir, choqué et déçu qu'il est. Cette fois, c'est bel et bien fini.

Marianne me prescrit des médicaments contre la douleur. De l'Ibuprofène 400 et un autre médicament à base d'opium, beaucoup plus puissant. Elle me réexplique comment cela devrait normalement se passer. Elle me demande d'utiliser des serviettes et non des tampons, qui peuvent empêcher la bonne évacuation. Et surtout, elle me donne les instructions suivantes dont je me souviens comme si c'était hier : « *Si pendant deux heures, vous changez de serviette hygiénique nuit toutes les trente minutes, vous allez aux urgences car vous faites une hémorragie. Ils vous opéreront et aspireront le fœtus. L'hémorragie est provoquée par des contractions de l'utérus qui cherche à expulser mais qui n'y arrive pas.* »

Nous rentrons à la maison en marchant tout doucement, main dans la main, en parlant peu. Nous sommes déçus, mais pas surpris. C'est finalement la première épreuve de couple que nous traversons. Mais notre amour et notre complicité sont tels que nous restons confiants et sereins pour l'avenir. Nous sommes là l'un pour l'autre, dans le bonheur comme dans l'adversité.

Le lendemain soir, nous sommes à l'aéroport, direction Reykjavik.

Conservera ou conservera pas ?

Certains départs en voyage sont en eux-mêmes une aventure. L'Islande en fait partie.

Il est 19 h et nous quittons notre appartement pour Orly avec deux sacs à dos et une valise. N'ayant droit qu'à vingt kilos en soute et dix kilos en bagage à main, nous avons fait, défait, refait nos valises plusieurs fois jusqu'à trouver la combinaison idéale : un véritable jeu de Tetris. Tout s'imbrique parfaitement. Chaque chose a une place précise et l'espace est optimisé au maximum. Nous avons pris le strict minimum nécessaire pour quatorze jours : tente, sacs de couchage et couvertures de survie, lyophilisés, boîtes de conserve, réchaud et évidemment médicaments prescrits par Marianne, ainsi qu'une multitude de protections périodiques.

Nous arrivons dans les temps à l'aéroport. Tout se déroule sans encombre. Nous passons le contrôle de sécurité, et là, ça se complique. Mon sac est mis de côté pour fouille. Celui de Maxime aussi. Nous nous regardons, surpris. Aucun liquide ni substance interdite dans nos sacs pourtant. Un homme petit, trapu, vêtu d'un anorak noir, bonnet vissé sur la tête, ouvre nos sacs. Verdict : les boîtes de conserve ! Il ne dit pas un mot, mais ses yeux brillent face au butin potentiel. Devant nos revendications, il reste silencieux et appelle sa supérieure.

— Bonjour, Madame.

— Bonjour.

— Nous sommes très surpris. Pourquoi nos boîtes de conserve ont-elles été mises de côté ? Elles ne font pourtant pas partie de la liste des produits interdits en bagage à main !

— Attendez voir.

Elle s'approche de nos provisions, prend une boîte et nous dit :

— Elles font 115 g. Elles sont autorisées jusqu'à 100 g en bagage cabine.

— Pour 15 g ! Vous allez nous prendre toutes nos boîtes pour 15 g !

— Il y a un petit Casino à côté. Vous pourrez racheter des boîtes qui n'excèdent pas 100 g. Les vôtres seront jetées.

Il n'est évidemment pas question de nous faire dépouiller de nos boîtes issues d'une conserverie artisanale. Un regard vers l'homme trapu me convainc d'insister: il est déjà en train de se frotter les mains. Pour un peu, il saliverait! Je suis en effet convaincue que la nourriture n'est pas détruite mais distribuée entre collègues à la fin de la journée.

— Madame, nous partons en trek en totale autonomie. Vous ne pouvez décemment pas prendre notre nourriture! Nous préparons ce voyage depuis des mois!

— Je suis navrée, mais ce sont les règles.

— Très bien, alors montrez-moi les règles. Sur le site internet de l'aéroport, il n'y a rien portant sur les boîtes de conserve. Sinon, nous aurions organisé nos valises différemment.

— Désolée, mais c'est ainsi.

— Alors, il faut nous montrer les règles! insiste Maxime. Soyons sérieux, poursuit-il, des boîtes de conserve ne mettent pas en danger les passagers, 15 g de plus non plus et notre sac ne dépasse pas les dix kilos autorisés.

Chacun d'entre nous reste inflexible. L'heure tourne. L'embarquement approche. Voyant notre détermination, elle finit par nous proposer:

— Mettez toutes vos boîtes de conserve dans

l'un des deux sacs de cabine et remontez le mettre en soute.

Nous nous dépêchons de procéder à la réorganisation de nos sacs et Maxime se rend au pas de course aux comptoirs d'enregistrement.

De mon côté, je cherche ma carte d'identité, désormais introuvable.

— Je l'ai posée dans un bac lors du contrôle, dis-je en m'adressant à la responsable.

Nous regardons toutes les deux les bacs, les désempilons, mais pas de carte d'identité.

— Peut-être est-elle dans votre sac à dos ?

Je me mets sur le côté pour ne pas déranger le flux de passagers qui passe les contrôles et commence à fouiller. Mais rien. Je reprends ma recherche de manière plus approfondie. Pas d'autre choix que d'étaler le contenu de mon sac par terre. Lui qui avait été fait avec tant de soin ! Mes affaires jonchent le sol bientôt tapissé de protections périodiques. Je bouillonne de colère. Avec toutes leurs âneries de boîtes de conserve, ma carte d'identité est perdue et je ne vais pas pouvoir embarquer ! Je commence à être inquiète et agitée.

— Elle n'est pas dans mon sac à dos ! dis-je à la responsable. Où peut-elle bien être ? Si par mégarde un autre passager l'a prise, je vais rater l'avion !

Elle se sent quelque peu dépassée et botte en touche en me proposant :

— Je vais vous chercher un verre d'eau. Vous êtes un peu rouge. Vous avez l'air d'avoir chaud !

La vérité est que je suis hors de moi. Je continue de fouiller dans tous les recoins possibles. En arrière fond, j'entends un passager maugréer, car on vient de jeter ses boîtes de sardines. Décidément, la pêche est bonne aujourd'hui ! À ce moment, Maxime revient :

— Victoire ! J'ai pu mettre le sac à dos en soute. Ils ne m'ont rien fait payer. Ils semblaient assez coutumiers de cette situation. Dès que j'ai dit le mot « boîtes de conserve », ils ont souri et ont enregistré le bagage sans supplément.

Maxime pose les yeux sur moi :

— Ça va ? Tu n'as pas l'air bien !

— Ça ne va pas du tout ! J'ai perdu ma carte d'identité ! J'ai fouillé partout, elle n'est pas dans mon sac ni dans les plateaux. Or, je l'ai mise dans un plateau. J'en suis certaine ! Je n'ai pas pris mon passeport. Juste ma carte d'identité. Les hôtesses n'accepteront pas que j'embarque si je n'ai pas de papier d'identité ! Et si par chance elles acceptent, je ne pourrai pas prendre le vol retour.

Maxime plonge alors ses mains dans ses poches et en sort… le graal !

— Je suis vraiment désolé ! J'ai dû la prendre par inadvertance quand je suis remonté enregistrer le sac !

La responsable s'approche de nous avec son verre d'eau.

— Vous l'avez retrouvée ? Super !

Je suis tellement soulagée ! Tout ça pour des boîtes de conserve inoffensives ! Ridicule. Leur énergie devrait peut-être être tournée vers des objets représentant de vraies menaces.

S'il est souvent dit qu'il ne faut pas contrarier une femme enceinte, n'est-ce pas encore plus vrai d'une femme qui fait une fausse couche ?

Nous embarquons.

Au bain !

Début août 2017. L'Islande est un endroit absolument fantastique pour qui aime la nature. L'air comme l'eau y sont d'une pureté incroyable ! Nous avons la chance d'explorer le pays sous un magnifique ciel bleu, du moins les premiers temps. Nous nous baladons la première journée sur les sites bien connus de Þingvellir ou « plaine du parlement », de l'impressionnante chute d'eau Gulfoss et du très connu geyser Strokkur et ses mares d'eau bouillonnantes. Tout nous ravit. Jusqu'à nous emmitoufler dans notre sac de couchage le soir, après avoir revêtu trois couches de vêtements, des gants, une écharpe en poils de yack et un bonnet de laine que je fais descendre en dessous des yeux, si bien que seul le bout de mon nez dépasse de la couverture de survie. Les températures peuvent en effet avoisiner le zéro, la nuit, en plein mois d'août, et à 22 h, il fait encore plein jour.

Lorsqu'on pense à l'Islande, on pense fréquemment aux sources d'eau chaude et bains en pleine nature. C'est la direction que nous prenons le deuxième jour après notre arrivée. Nous sommes absolument sous le charme des paysages. Imaginez la montagne fumer un peu partout, des mares où la boue bout à gros bouillons, de la roche volcanique : quels décors étranges et surprenants ! C'est différent de tout ce que nous avons pu voir jusqu'ici dans nos voyages. On se croirait dans l'antre des enfers. Et pourtant, à deux pas, un charmant petit ruisseau se faufile entre les montagnes. Des moutons paissent ici et là, paisibles, dans des nuances de verts incroyables. Tout respire la tranquillité et la beauté.

Des personnes se prélassent dans l'eau tandis que nous continuons de marcher à travers ces paysages contrastés et fantastiques. Nous choisissons un coin de ruisseau où l'eau n'est pas à cent degrés, histoire de ne pas nous transformer en œufs durs, et y plongeons délicieusement ! Quel bonheur : cette eau chaude bienfaisante, ce cadre absolument magique en pleine nature, préservé de la main de l'homme. Complètement délassés et détendus, nous finissons par sortir de l'eau une bonne heure après y être entrés. Nous prenons le chemin du retour, tranquillement. Un chemin très peu emprunté.

Les bains d'eau chaude ne sont pas sans conséquence sur le corps. Ils vous détendent tellement que pour ma part, ils ont déclenché le début de ma fausse couche. Nous marchons depuis une vingtaine de minutes quand je me mets à saigner. Cette fois-ci, ce n'est pas une larme de sang, mais de vraies règles abondantes. D'un coup. Cela ne m'inquiète pas. Je me dis simplement que le processus a commencé. Je note l'heure et me souviens des propos de Marianne : *« Si pendant deux heures, vous changez de serviette hygiénique nuit toutes les trente minutes, vous allez aux urgences car vous faites une hémorragie. Ils vous opéreront et aspireront le fœtus. L'hémorragie est provoquée par des contractions de l'utérus qui cherche à expulser mais qui n'y arrive pas. »*

Arrivés à la voiture, je prends un Ibuprofène 400 car je commence à avoir quelques douleurs. Ni plus ni moins des douleurs de règles. Nous sommes à une demi-heure du camping où nous passerons la nuit. Tandis que nous roulons et que le ciel s'assombrit, la douleur s'accentue. J'ai maintenant de sacrées crampes dans le ventre. Maxime conduit et je lui fais part de ce que je ressens au fur et à mesure. Je sens très nettement à intervalles réguliers mon utérus se contracter et le sang couler à flots. La douleur est plus forte que pour des règles mais reste supportable. Une respiration calme douce et régulière m'aide à chaque contraction. Nous arrivons au camping. Je me lève du siège quand Maxime pousse une exclamation :

— Ton pantalon ! Il est tout taché !

En effet. J'attache une polaire autour de ma taille et fonce aux toilettes pour me changer. Je saigne encore beaucoup. Je lave tout de suite mes affaires. Les douleurs sont passées. On surveille le temps et le nombre de fois où je dois me changer. Mais très vite, j'arrête de saigner.

Nous cuisinons tranquillement et le reste de la soirée se déroule sans encombre, à discuter avec d'autres vacanciers. C'est amusant, entre campeurs, on parle de choses improbables en temps normal : la performance des sacs de couchage et de la tente sont des sujets de conversation ! On discute aussi, bien sûr, de son voyage et de ses impressions.

Je dirais, dans mon souvenir, que les saignements ont duré entre quarante-cinq minutes et une heure. Pas d'hémorragie en vue. Je me sens parfaitement bien. Nous décidons alors de maintenir le début de notre randonnée dans le Landmannalaugar au lendemain matin. Je passe la nuit sans encombre et sans saignement et dors paisiblement.

Le lendemain, nous préparons notre sac pour notre trek de quatre jours. Nous partons seuls, en totale autonomie. Nous dormirons dans les campings qui ponctuent la route. Mais les randonneurs sur les blogs sont très clairs : pas d'accès aux infrastructures si on ne dort pas en refuge. Notre seule alliée sera notre tente. Nous emmenons le strict minimum. De quoi nous couvrir et avoir bien chaud, nos sacs de couchage, notre tente ultra légère, des lyophilisés et un réchaud. Pour moi, des protections périodiques et médicaments. Lorsque Maxime sort un pot de Nutella de 750 g en se demandant sérieusement s'il faut l'emmener, je pars dans un fou rire communicatif. Ah, ces hommes, toujours le mot pour rire !

La randonnée du Landmannalaugar n'est pas réputée pour être difficile. Et puis après neuf jours de marche et 104 km dans des conditions parfois compliquées lors de précédentes vacances à La Réunion, ce trek ne nous fait pas peur. C'est seulement trois nuits et quatre jours de marche : 15 km le premier jour, 16 le deuxième, 24 le troisième, sachant que le dernier jour sera consacré à des balades dans le Landmannalaugar. En revanche, les conditions météorologiques peuvent changer rapidement et brusquement, comme en montagne. Il peut neiger en plein mois d'août. Si je me souviens bien, un randonneur d'une quarantaine d'années est mort, perdu dans le blizzard, à quatre cents mètres du refuge seulement.

Après deux heures de route en bus, plusieurs arrêts, de la piste et de multiples passages de guets, nous voilà arrivés à Þórsmörk où débute notre randonnée. La plupart des gens font le trek en sens inverse, réputé plus facile, du Landmannalaugar à Þórsmörk . Nous, nous souhaitons garder le plus beau pour la fin. Le soleil nous a accompagnés toute la matinée. Le ciel est bleu et la montagne belle. Le chemin est extrêmement bien balisé. On trouve tous les dix mètres des piquets dont l'extrémité est peinte en couleur. Il suffit de les suivre. C'est un jeu d'enfant tant qu'il n'y a pas de brouillard. C'est beaucoup plus facile qu'à La Réunion, où une carte IGN est absolument indispensable, voire une boussole, tant les chemins se croisent et s'entrecroisent.

Nos petits sacs de seulement quarante litres, malgré nos précautions, sont quand même lourds, et il faut se réhabituer à marcher avec du poids sur les épaules. Maxime a trouvé un moyen d'attacher la tente à sa taille de manière à ce qu'elle n'entrave pas trop ses pas. Les paysages sont tellement splendides qu'ils nous font cependant tout oublier. La première difficulté, après plusieurs heures de marche, réside dans le passage d'un guet de sept à huit mètres de largeur. Nous avons nos chaussures en plastique et surtout nos bâtons de marche qui assurent notre équilibre dans le courant de l'eau. Ce que nous n'avons pas, ce sont des protections contre le froid. Et l'eau est si glaciale qu'elle donne des sensations de brûlure et de piqûre. Avant de traverser nous-mêmes, nous observons les autres randonneurs. Nous repérons leur chemin emprunté dans l'eau. Et surtout nous rions, avec tout de même une pointe d'appréhension, car tous sans exception poussent des cris et maugréent tant l'eau est froide ! À notre tour : Maxime se lance en premier. Pas de chute mais quelques exclamations. Il traverse sans encombre, au pas de course. De l'autre côté de la rive, il partage ses sensations et m'encourage. J'ai lacé mes chaussures de marche ensemble et les ai mises autour de mon cou. C'est parti ! D'un air décidé, je mets un pied puis l'autre dans l'eau et j'avance le plus vite possible en me tortillant. C'est absolument glacial et douloureux, comme si une pointe de couteau vous cisaillait les pieds. L'eau est encore liquide mais ne doit être qu'à quelques degrés. Pas étonnant que chacun crie et jure, ça aide à traverser ! Maxime m'attend de l'autre côté avec une serviette pour frictionner et réchauffer mes pieds. Quel bonheur de remettre ses chaussures de marche bien chaudes ! Nous déjeunons un peu plus loin dans un cadre somptueux. Il nous semble déjà être devant le clou du spectacle ! Puis nous reprenons notre route. Je propose de porter la tente que j'harnache à mon buste. Je me fais tout à fait l'effet d'un âne des Andes. Il n'y a pas grand monde. Les espaces sont immenses, de telle sorte que nous marchons soit seuls, soit espacés des autres randonneurs de plusieurs centaines de mètres. Nous croisons trois jeunes Norvégiens, dans la vingtaine, aux sacs à dos énormes comparés aux nôtres. L'un est équipé d'une canne à pêche : aller jusqu'à pêcher sa pitance, voilà qui nous fait beaucoup sourire !

Nous sommes dans le milieu de l'après-midi. Je n'ai pas eu de saignement depuis vingt-quatre heures. Néanmoins, je recommence à avoir des contractions, moins douloureuses que la veille. Je ne saigne plus, mais mon utérus se contracte pour expulser ce qu'il reste. Voilà pourquoi l'interne m'a demandé de ne pas porter de tampon.

Pour ne pas empêcher l'évacuation des parties plus consistantes. Je ne suis absolument pas inquiète. Je n'ai pas mal, j'ai seulement quelques contractions complètement gérables. Et je ne suis pas toute seule. Maxime est à mes côtés.

Les bains chauds ont déclenché le processus de fausse couche et la marche a certainement facilité sa fin. Je suis complètement sereine. Je n'éprouve aucune douleur, aucune peur ni aucun dégoût. Je suis à l'écoute de mon corps et de mes sensations et je sais que tout va bien. Je suis en pleine nature, dans un paysage somptueux et je me sens en harmonie avec elle et avec la fin d'un processus naturel.

Après notre voyage en Islande, nos vacances se terminent par quelques jours en Bourgogne. Mes beaux-parents ont pris rendez-vous avec un médecin pour l'échographie de vacuité. C'est la procédure normale afin de vérifier que tout est bien parti. Je n'ai pas trop de doute dessus. Et en effet, à peine arrivés, déjà ressortis. L'examen aura duré exactement cinq minutes, déshabillage et habillage inclus. Tout est parfait. Le médecin nous dit que nous pouvons réessayer d'avoir un enfant sans plus attendre. Il ne croit pas si bien dire…

Si je devais qualifier cette fausse couche, je dirais qu'elle était « belle et poétique ». Bien sûr, c'est complètement provocateur ! Une fausse couche, c'est beaucoup de déception et de douleurs. Mais ce que je veux dire par là, c'est que tout s'est passé dans les meilleures conditions qui puissent être. Je n'étais pas en train de travailler, en réunion ou pliée en deux dans des toilettes d'entreprise. Non, j'étais en pleine nature, détendue, consciente et préparée à ce qui était en train de se passer. Je ne ressentais ni sentiment d'injustice, ni colère ni frustration. J'avais accepté.

Avoir choisi de laisser faire la nature, être dans la nature et me sentir accompagnée et protégée par elle m'a permis de vivre les choses du mieux possible. Cela n'a pas été une expérience traumatisante.

Ce qui a été déterminant, c'est d'être bien accompagnée. D'abord par ma sage-femme puis par l'interne de l'hôpital. J'ai pu m'informer sur les déroulés, avantages et inconvénients de trois alternatives (pilule abortive, aspiration, méthode naturelle) et j'ai eu la chance, dans mon cas, de pouvoir choisir celle qui correspondait le plus à qui j'étais et ce que je souhaitais. J'étais bien informée, j'avais des médicaments et suffisamment de protections périodiques.

Accompagnée, je l'ai aussi été par Maxime qui a vécu avec moi, étape par étape, tout le processus. Je n'ai jamais été seule. J'ai pu partager ce que je ressentais et ce qui se passait toutes les fois où je le souhaitais. Ensuite, la nature. Elle a joué un rôle clef dans ma manière de vivre les choses. Sur le plan de la douleur d'abord. Les bains chauds m'ont complètement détendue et ont, il me semble, beaucoup atténué l'intensité des contractions. Marcher des heures durant dans des paysages incroyables a certainement aussi eu le même effet. Pensez, j'ai pris en tout et pour tout un Ibuprofène 400 ! Sur le plan psychologique enfin. Je vivais un processus naturel dans une nature à l'état pur. J'étais là où je devais être.

Certains diront peut-être que je me suis mise en danger, que je suis complètement folle de ne pas être restée chez moi près d'une structure hospitalière, que cela aurait pu mal tourner, que j'ai eu de la chance. Je n'ai pourtant pas eu la sensation de prendre des risques inconsidérés.

Ce qui me mène à un autre point primordial : l'intuition. Elle est capitale et il faut s'y fier. Bien sûr, avant tout, il faut bien s'informer auprès de personnes compétentes et bienveillantes. Mais il faut aussi s'écouter, sentir au fond de soi le bon chemin à prendre. Il n'y a pas qu'une voie, il y a des voies et parmi elles, une qui nous correspond mieux que les autres. Si j'ai choisi de laisser une chance à la nature de faire son travail, c'est parce que j'avais l'intuition que c'était ce qu'il y avait de mieux pour moi. C'est encore elle qui m'a guidée dans le fait de ne pas annuler notre voyage puis de partir en trek. Prenez l'avis du corps médical et faites-vous confiance.

Enfin, le temps est essentiel. Ne vous précipitez pas. Respectez votre temps psychologique et accordez-vous le délai dont vous avez besoin. Si j'ai si bien vécu les choses, si je n'ai pas vécu ma fausse couche comme un traumatisme, c'est finalement parce que j'ai pris le temps de la vivre. C'est bien sûr propre à chacun, mais si je m'étais précipitée sur la pilule abortive et que quelques heures après, les contractions s'étaient déclenchées, il me semble que j'aurais moins bien vécu les choses. Cela aurait été trop précipité. Or, le temps qui passe participe à l'acceptation de ce qui arrive. Il est un précieux allié.

Accompagnement, intuition et temps : trois mots clefs qui m'ont permis de « bien » vivre ma fausse couche.

Deuxième partie

Café et touillette

Septembre 2017. Le week-end s'annonce ensoleillé. Maxime et moi vaquons à nos occupations chacun de notre côté. Du mien, je range, activité suffisamment rare du point de vue de Maxime pour être ici soulignée. Et ce dernier, assis sur le canapé du salon, regarde « je ne sais quoi » sur sa tablette. Lorsque tout à coup, il m'appelle.

— Chérie, peux-tu venir, s'il te plaît ?

Je pose ma pile sans fin de papiers à trier et le rejoins.

— Je voudrais t'offrir un petit cadeau. Mais d'abord, il me faut ton accord.

Tout cela me semble bien mystérieux. Et le sourire espiègle qu'il a aux lèvres ne me dit rien qui vaille.

— Je t'écoute, de quoi s'agit-il ? Tu as vraiment un air malicieux, ça a l'air d'être un drôle de cadeau.

Je ne crois pas si bien dire.

— Voilà, j'ai réfléchi. J'aimerais acheter des tests d'ovulation pour qu'on les fasse.

J'en reste, dans un premier temps, sans voix. Puis je rétorque :

— Tu veux qu'on fasse, ou plutôt que je fasse, car il n'y a que moi qui sois en mesure de les faire, des tests d'ovulation ?

— Oui. Comme chaque mois, il n'y a que trois jours où on peut avoir un bébé, je trouve ça bien de ne pas manquer le coche et de savoir lesquels sont les plus propices.

— OK, mais on n'est pas non plus à quelques mois près. Je ne sais pas si j'ai vraiment envie de rentrer dans tous ces calculs. Ça manque un peu de naturel, non ?

— Justement, tu n'as rien à calculer. Juste à lire le résultat.

Puis il ajoute dans un sourire :

— Quotidiennement.

Là, je me mets à rire franchement.

— Ta proposition est alléchante. Fais-moi rêver ! Comment ça fonctionne ?

Tout content de mon écoute, il m'explique :

— C'est très simple, tu vas voir. Tu reçois un sachet rempli de « languettes ». Tu urines dessus, tu attends un peu et hop, ça te donne le résultat !

Si la couleur de la ligne de test est de la même intensité ou d'une intensité plus forte que la ligne de contrôle, c'est que tu ovules et donc c'est la période où nos chances d'avoir un enfant est la plus grande. Elle dure trois jours.

— Ça a l'air de fonctionner comme un test de grossesse.

— Oui, c'est ça. À part qu'il ne faut pas le faire avec les premières urines.

— Il faut le faire quand alors ?

— Le mieux, c'est que tu lises la notice.

Je prends la tablette. Et, en effet, cela ne fonctionne pas du tout comme un test de grossesse, même si le principe est similaire. C'est, de loin, beaucoup plus contraignant.

Je lis, tandis qu'il guette chacune de mes réactions :

— « *Le test d'ovulation détecte dans l'urine une hormone (LH : Lutéinisante) produite tout au long du cycle menstruel mais qui augmente 24 à 28 heures avant l'ovulation.* »

Puis un tableau indique le jour auquel commencer le test en fonction de la durée de son cycle.

— Bon point, ce n'est pas un test à faire tous les jours.

— Ah ! Tu vois.

Je poursuis sur la partie « comment faire le test ». Je lis et commente en même temps :

— « *Ouvrir la pochette de protection. Récoltez dans un récipient propre et sec un peu d'urine.* » Il va falloir que je trouve un récipient, mais c'est jouable.

Puis mon regard s'arrête sur ces mots :

— « *Il est préférable de faire le test entre 10 h et 20 h, approximativement au même moment de la journée. Évitez l'urine du matin pour de meilleurs résultats et évitez de boire deux heures avant le test car une urine trop diluée peut produire un résultat négatif.* »

Ai-je bien lu ? Il faut faire le test entre… 10 h et 20 h ?

— 10 h et 20 h, mais je serai au travail ! Ou au mieux dans les transports pour rentrer ! Ça veut dire qu'il faut forcément que je fasse le test au bureau ! Ça, c'est un mauvais point.

Maxime ne répond rien. Je continue de lire à haute voix. La suite est très précise :

— « *Trempez l'extrémité à tester pendant dix secondes dans l'urine jusqu'à la ligne, mais attention à ne pas la dépasser, autrement le test risque d'être invalide. Posez ensuite le test sur une surface plane, propre et sèche et patientez dix minutes. Le test doit ensuite être jeté. Les résultats lus après trente minutes ne doivent pas être pris en compte.* » [3] Non mais tu plaisantes ? Tu veux vraiment que je fasse ça ? Il faut avoir la rigueur et la régularité d'une horloge ! Je suis rigoureuse mais quand je travaille, je suis tout à mon travail. Je me vois mal quitter une réunion ou m'extirper de mon sujet pour aller faire mon test ! Tu te rends compte ? Je m'imagine déjà déambulant dans le couloir avec mon gobelet en plastique dans lequel trempe la languette. Et là, qui arrive ? Notre DG qui s'arrête pour me saluer : « Vous allez bien ? » Et de répondre, d'un air naturel, comme si je touillais un café : « On ne peut mieux, je vous remercie. » Le moment de solitude ultime !

— Mais chérie, c'est un super outil, même s'il est un peu contraignant.

Il a tout à coup l'air désespéré. Il rajoute timidement :

— Je te l'offre.

Je le regarde. Et je pose les yeux sur la tablette. Je me rends compte que tout un tas d'onglets sont ouverts. Ils portent, pour la majorité, sur la responsabilité de l'homme dans les fausses couches, ou pour être plus précise, sur le rôle des spermatozoïdes et leur qualité dans le succès ou l'échec d'une grossesse. Il y a aussi les études en cours sur

3. Extrait de notice, *One Step LH Urine Ovulation Test CE 0123.*

ce sujet et les tests de fertilité qu'un homme peut réaliser.

Je me souviens d'avoir été assez surprise qu'il se renseigne ainsi et se remette autant en question. De mon point de vue, je fais simplement partie des 15 % à 25 %[4] de femmes qui font des fausses couches dans leur vie. Et pas de chance, cela m'est arrivé lors de ma première grossesse. La division cellulaire s'est arrêtée. Je ne cherche pas d'explication supplémentaire particulière.

Tout en l'observant, je réalise que faire ces tests d'ovulation est sa manière de réagir à cette fausse couche, et quelque part, de reprendre la main sur les événements. C'est important pour lui, même si c'est un peu astreignant pour moi. Je ne peux pas lui refuser cela. Je m'entends alors dire :

— C'est d'accord, je vais le faire.

Je le vois alors sauter sur son ordinateur pour passer la commande, un large sourire aux lèvres. Puis il lève les yeux vers moi, me regarde et dit « merci », tout heureux.

Me voilà donc à faire des tests d'ovulation. Finalement, en étant bien organisée, cela n'est pas si contraignant. Déjà parce que je ne les fais pas tous les jours, mais seulement quelques jours par mois.

4. Les pourcentages varient en fonction des sources.

Ensuite, parce que c'est rapide et discret. Personne ne peut s'en rendre compte, sauf à effectivement déambuler dans le couloir avec son gobelet, sa languette et son urine.

Et cela fonctionne très bien. Plus le taux de LH est concentré, plus la marque qui apparaît est sombre. Durant deux jours, elle est foncée puis s'éclaircit à nouveau. Il faut quand même une sacrée chance pour faire l'amour pile les trois jours suivants quand on ne sait pas qu'on ovule. Une grossesse est décidément un petit miracle ! Et même lorsque vous maximisez vos chances avec ces tests, vous ne tombez pas pour autant enceinte. Voilà en effet le retour de mes règles en septembre. Ce sont mes premières règles suite à ma fausse couche et elles sont particulières. Quasiment pas de sang les quatre premiers jours, puis des règles normales. Elles durent huit jours. Pareil au mois d'octobre. Cinq jours avec très peu de sang. Cinq jours sans sang, puis des règles normales. J'avoue être un peu perdue, mais je me dis qu'avec le temps, tout devrait redevenir normal. Je continue les tests d'ovulation au mois de novembre. Et puis… et puis plus rien.

Je voudrais ici passer un autre message important. J'ai entendu beaucoup de personnes ayant des jugements négatifs, non pas sur les tests d'ovulation, mais sur celles qui en faisaient. On passe aisément pour des désespérées de la grossesse, des pressées, des stressées. On nous imagine comme des femmes dont l'attention tout entière est focalisée sur le projet bébé, comme si on mangeait bébé, pensait bébé, dormait bébé, vivant uniquement animées par notre désir d'avoir un enfant. On nous perçoit comme obnubilées par le sujet, comme si rien d'autre ne comptait. Et on se voit souvent gratifiée d'un « elle se prend trop la tête avec ces tests, jamais elle ne tombera enceinte comme ça ».

Je trouve cela injuste et déplacé. D'abord parce que les gens ne savent pas ce qui se passe dans un couple, les difficultés auxquelles il peut être confronté, voire les épreuves par lesquelles il passe ou est passé. Par ailleurs, bien souvent, les personnes qui se permettent ce genre de propos n'ont jamais essayé d'avoir un enfant. C'est toujours plus facile de juger dans ces conditions.

Me concernant, le sujet « bébé » n'envahissait pas mes pensées et je n'étais pas pressée non plus par mon horloge biologique. J'ai décidé néanmoins de faire ces tests parce que j'ai senti que c'était important pour mon mari, donc pour notre couple. Voilà tout.

Quel que soit le jugement que les autres peuvent porter, faites comme bon vous semble et suivez votre intuition. Un bébé, c'est avant tout votre projet.

Bis repetita

Comme je le disais, je continue les tests d'ovulation au mois de novembre. Et puis plus rien. Mes dernières règles remontent à fin octobre, mes tests d'ovulation étaient positifs mi-novembre. Nous sommes début décembre. Je fais donc un test de grossesse. À nouveau cœur battant et plein d'espoir, nous attendons avec Maxime le résultat. Cette fois, il est net et marqué. Une deuxième bande s'affiche, bien rose. Je suis enceinte ! Nous sommes très heureux mais aussi très prudents. Mon taux de β-HCG doit vraisemblablement être au-dessus des 81 vu la netteté de la bande !

Je fais une première prise de sang peu après le test de grossesse, qui évalue les β-HCG à 263. Puis un deuxième dosage de β-HCG un peu moins de deux semaines après. Comme j'ai ma date d'ovulation, je peux estimer approximativement ma date de grossesse et voir si les résultats de β-HCG sont concordants.

Je reçois les résultats du dosage en début d'après-midi. Je suis au travail. J'hésite à les ouvrir, puis me ravise. Je préfère en effet attendre d'être chez moi, seule, au calme. Je n'ai pas trop envie de devoir faire bonne figure entre deux réunions si les résultats sont mitigés ou que je ne les comprends pas.

Une fois à la maison, je m'installe à mon bureau, devant mon ordinateur. C'est un drôle de moment. Tout va à la fois trop lentement et trop vite. Mon ordinateur me semble anormalement lent à s'allumer et la page de connexion à ma boîte mail fait des siennes.

J'arrive enfin sur le mail, clique dessus. Là, un mot de passe m'est demandé. Une fois tapé, j'aurai les résultats. Tout me semble aller maintenant trop vite. Mes doigts s'arrêtent sur le clavier. Je crois bien que j'ai peur d'ouvrir ces résultats. Pour ralentir le rythme et gagner du temps, je vérifie la composition du mot de passe, mélange de lettres et chiffres. Je m'adosse à mon siège, recule mes mains du clavier pour les poser sur mes jambes et ferme les yeux. Cette situation est ridicule. Il y a deux minutes, je jugeais mon ordinateur trop lent par rapport à mon envie de connaître les résultats et maintenant que je suis à un clic de les découvrir, je fais machine arrière ! Je finis par me raisonner. Quels qu'ils soient, ces résultats sont là et ils ne vont pas changer pour mon bon plaisir. Alors autant les ouvrir et être fixée. Je m'accorde encore deux grandes respirations profondes et très lentes, puis me lance. Je tape le mot de passe et, sans attendre, j'appuie sur entrée. Mon regard se porte directement sur les chiffres que je cherche : 8 287 UI/l. Puis mes yeux descendent sur le tableau pour confirmer la cohérence avec le nombre de semaines d'aménorrhée. C'est concordant ! Je suis aux anges. Quel soulagement ! Cette grossesse a l'air d'être bien partie ! Un test de grossesse à la deuxième ligne bien rose et nette et deux dosages de β-HCG qui montrent une jolie augmentation d'hormones et sont cohérents.

Quelle joie d'annoncer ces bonnes nouvelles à Maxime lorsqu'il rentre enfin ! J'envoie un message à Joséphine pour la tenir au courant et je prends tout de suite rendez-vous pour réaliser l'échographie du premier trimestre, un mois plus tard.

Les jours passent. Je continue à vivre normalement. En prenant mon comprimé d'acide folique par jour, en cuisant bien les viandes, en lavant soigneusement les légumes et en arrêtant toutes boissons alcoolisées. Je me souviens de mon anniversaire cette année-là. Maxime m'avait emmenée passer le week-end en Normandie. Tandis qu'il débouchait une bouteille de crémant pour finir la soirée en beauté, je me revois encore avec ma tasse de tisane, emmitouflée dans un gros pull de laine écru !

Voici venir Noël et le Nouvel An. Nous annonçons ma grossesse à nos familles. Je me rappelle d'ailleurs être très émue à cette annonce, portée par l'espoir d'être parents prochainement. Tous nous adressent leurs meilleurs vœux. Les plateaux d'huîtres, de saumon fumé, de foie gras et des vins raffinés défilent sous mon nez sans que je puisse en profiter, mais c'est pour la bonne cause ! Je suis tellement heureuse d'être enceinte que je ne le vis en aucun cas comme une frustration. Lorsque nous portons un toast à la nouvelle année, je me sens légère et contente de tourner la page sur 2017, année particulièrement difficile à bien des égards. Vive 2018 !

Nous rentrons à Paris et retrouvons le rythme effréné de la capitale.

Si ma première grossesse a été très médicalisée, la seconde ne l'est pas du tout. Je n'ai pas fait d'échographie de datation, du moins, je n'en ai pas le moindre souvenir. J'ai, en revanche, réservé une place en maternité à l'hôpital et planifié l'échographie du premier trimestre, dont la date approche. Dans sept jours, nous verrons pour la première fois notre bébé ! Nous nous réjouissons.

En ce lundi et mardi de janvier, je m'aperçois que j'ai des pertes un peu plus foncées que d'habitude. Je ne m'inquiète pas pour autant. Elles sont de faible abondance. Tout me semble rester dans la normalité. Mais le mercredi en fin d'après-midi, ces pertes deviennent marron et font penser à du sang très foncé.

Je finis ma journée de travail, rentre à la maison et préviens Maxime. Nous dînons rapidement et décidons de la conduite à suivre, tout en glanant sur internet des informations qui pourraient expliquer ce phénomène. De deux choses l'une : soit ces saignements sont dus au développement du placenta, soit je fais une fausse couche. À nouveau. Nous nous préparons au pire scénario en marchant d'un pas vif vers l'hôpital, à un quart d'heure à pied de chez nous.

Cela fait six mois que nous n'y avons pas mis les pieds, mais nos pas nous guident instinctivement vers le bon bâtiment, le bon ascenseur et le bon étage. Nous tournons à droite, un long couloir. Au bout, deux bureaux. Une dame. Pas d'attente. Le processus habituel que l'on n'a plus besoin de nous expliquer. La prise de tension, de température.

Un coup de téléphone :

— Oui, bonsoir, j'ai une petite dame qui vient d'arriver. Est-ce que quelqu'un peut venir l'examiner ?

Un silence. Puis les mots que nous redoutons tant :

— Suspicion de fausse couche.

La blouse blanche arrive. Cette fois, c'est Elise.

J'entre dans la même salle qu'il y a six mois, m'assois sur la même chaise. Et là, l'émotion remonte. Je revis exactement la même chose que la première fois. Le cauchemar recommence. Les repères temporels se brouillent. Sommes-nous en juillet ou en janvier ? Je ne sais même pas ce qu'il en est encore, mais les larmes coulent sur mes joues. Je suis cependant là où je dois être. De manière paradoxale, j'exècre ce cadre trop familier qui pourtant me rassure. Je suis entre de bonnes mains.

Le même fauteuil d'examen. Les mêmes mots :

— Les saignements ne signifient pas que ça va mal.

Je ne réponds rien mais pense : « Examine-moi vite au lieu de créer un espoir qui n'a peut-être pas lieu d'être. » Le visage fermé de Maxime. Tendu.

Mon abdomen est souple, dépressible et indolore. Sur le spéculum, des traces de sang foncé. On passe à l'échographie, qui à nouveau est pelvienne, alors que je suis quasiment à onze semaines d'aménorrhée, donc neuf semaines de grossesse. Il y a bien un sac, un embryon de 3,5 millimètres, donc très petit, et pas ou plus d'activité cardiaque. C'est fini.

Elise nous fait part de l'évolutivité incertaine de ma grossesse et de la nécessité d'une prochaine échographie pour contrôler et conclure. Mais Maxime comme moi savons déjà que le sort est jeté et qu'il n'y a plus d'espoir. « Alea jacta est. »

Je ne pleure plus. À haute voix, je redonne les dates et les résultats d'examens qui ont rythmé cette grossesse, la taille de l'embryon et l'absence d'activité cardiaque. Je ne comprends pas la nécessité de refaire une échographie dans sept à dix jours alors qu'elle comme nous savons déjà que tout est terminé. En vérité, j'ai envie qu'elle nous le dise. J'ai besoin de l'entendre de sa bouche. C'est ma seconde fausse couche et pour parler de manière triviale, je sais, je ne suis pas née de la dernière pluie. Elle nous regarde alors et nous dit :

— Revenez faire cette échographie, mais en effet, il y a de grandes discordances entre l'évolution de l'embryon et les dates que vous mentionnez. Il est très fortement probable que votre grossesse soit arrêtée.

C'est presque un soulagement de l'entendre dire. Plus qu'un soulagement, en me confirmant ce que je sais déjà, elle me « considère », tout simplement. Je veux dire par là qu'elle « reconnaît » mon histoire, mon vécu d'une première fausse couche et en tient compte. Si elle avait maintenu l'espoir, qu'on ne savait pas encore, qu'il fallait attendre, j'aurais vraiment eu la sensation d'être prise pour une idiote. En agissant comme tel, je me suis sentie respectée, et cela m'a énormément aidée dans le vécu de ma deuxième fausse couche.

Il me semble que c'est exactement cela qu'un patient attend d'un médecin. Qu'il le considère en tant que personne et en tant qu'adulte. Une personne qui a un vécu sur le sujet ou pas, qui est informée ou pas, qui est inquiète et a besoin d'être rassurée ou pas, etc., et qu'il adapte son discours en fonction de ces éléments et de ce qu'il perçoit du patient. Un bon médecin, au-delà d'une maîtrise technique de sa spécialité, est un homme ou une femme qui doit avoir cette sensibilité à l'autre. Cela va au-delà de l'empathie. On est dans le domaine du ressenti. Et ce ressenti, il l'obtient en écoutant et en questionnant le patient autant que nécessaire, tout en étant sensible au non-verbal. Mais pas que. Il y a, à mon sens, autre chose. Un je-ne-sais-quoi. Comme un second nez capable d'humer l'atmosphère, l'impalpable et de le prendre en compte dans sa réponse au patient.

Tous les médecins n'ont malheureusement pas cette sensibilité, loin s'en faut. D'ailleurs, il ne me semble pas qu'elle soit requise pour faire des études de médecine ou même développée durant lesdites études. Alors qu'elle est absolument essentielle pour être un bon médecin. Mais nous y reviendrons.

Nous rentrons à pied à la maison. Je sens Maxime, au-delà de triste, nerveux et même en colère.

— C'est la seconde fois que cela nous arrive ! J'ai besoin de comprendre ce qui se passe, pourquoi la division cellulaire s'arrête. Qu'est-ce qui cloche ?

C'est vrai que c'est la douche froide. Tout semblait pourtant si bien débuter. En vérité, nous ne pensions pas vivre une seconde fois la même chose.

Si 15 %[5] des femmes font une fausse couche dans leur vie, seulement 5 %[6] en font deux de manière consécutive. On commence vraiment à être dans le bas de l'entonnoir. Il poursuit, tout en marchant d'un pas vif :

— On ne va pas faire qu'attendre pour que cela recommence encore et encore. Je voudrais passer des tests, comprendre, savoir et faire le nécessaire.

Lorsque j'appelle mes parents pour les prévenir, c'est mon père qui décroche. La voix tremblante, je lui annonce que je fais à nouveau une fausse couche. Quelques mots échangés et ce timbre de voix, dépité, désolé et presque en colère. Mais en colère contre qui, contre quoi ? Il n'y a désormais rien à faire.

Je retourne travailler le lendemain. Je préviens, à tort ou à raison, ma hiérarchie et fais part de ce que Maxime et moi traversons. Comme à nouveau je choisis de ne pas prendre de pilule abortive, je ne sais pas exactement quand je vais perdre concrètement le bébé, et donc quand je vais être arrêtée. La période de travail étant particulière-

5. Laurence Pernoud, « Et si la grossesse ne se déroule pas comme prévue », *J'attends un enfant*, Éditions Horay, 2017, p. 229.
6. https://www.fertilys.org/comprendre-linfertilite/a-propos-des-fausses-couches/

ment dense, je préfère dire les choses pour que chacun puisse anticiper.

J'ai aussi fait part de la mauvaise nouvelle à Joséphine, qui nous propose un rendez-vous dans la semaine. Cette fois-ci, elle me demande de venir avec Maxime. Nous nous retrouvons dans son bureau entre midi et deux. Elle souhaite savoir comment nous nous sentons et vivons les choses. Maxime lui fait part de sa volonté d'entamer des tests. Elle nous parle de ce qui est généralement réalisé comme premiers examens. Tout en répondant à nos questions et en restant ouverte, elle nous conseille de ne pas nous lancer tête baissée dans une série d'analyses. Selon elle, il est encore trop tôt, d'autant que j'arrive à tomber enceinte.

En conclusion de notre heure d'entretien, elle nous propose de prendre un rendez-vous avec un des chefs de service de l'hôpital qu'elle connaît bien. Elle pense que cela nous ferait du bien que nous le rencontrions. Maxime sort de cette entrevue avec un goût d'inachevé, n'ayant pas obtenu précisément la réponse à la question « *À quoi sont dues ces fausses couches, au-delà de la division cellulaire* ».

Maxime veut comprendre. Comprendre dans le détail.

Une semaine est passée depuis l'échographie à l'hôpital. Je continue d'aller travailler tous les jours tout en étant très à l'écoute de ce que je peux ressentir. Je ne tiens pas à faire ma fausse couche sur mon lieu de travail.

Alors que je rentre un soir chez moi en transport en commun, je commence à avoir mal dans le bas du ventre. Encore quelques stations. Je suis presque arrivée. Il est quasiment 20 h. Une fois à l'air libre, je marche en respirant calmement jusqu'à l'appartement. Je préviens Maxime, qui arrive peu de temps après. Nous commençons à préparer le repas quand la douleur monte d'un cran. Je prends un Ibuprofène 400 et m'assois sur le canapé. J'essaie d'écrire ce que je ressens, mais après quelques minutes, la douleur s'intensifie et monopolise toute mon attention.

Ce sont des douleurs de règles, violentes. Aucun doute, le processus d'expulsion a commencé. J'ai toujours eu des règles douloureuses, mais là, cela me fait vraiment beaucoup plus mal. Si bien que j'appelle les urgences de l'hôpital.

— Bonsoir, je suis en train de faire une fausse couche. J'ai été suivie dans votre hôpital. On m'a prescrit de l'Ibuprofène 400 et un autre médicament à base d'opium, de l'Izalgi. Je commence à avoir très mal. J'ai pris un Ibuprofène il y a trente-cinq, quarante minutes, est-ce que je peux prendre le médicament plus fort ?

— Oui, vous pouvez.

— D'accord, merci.

— Bon courage !

— Merci.

Je raccroche, j'avale deux cachets supplémentaires en espérant qu'ils agissent vite et retourne m'asseoir sur le canapé. Maxime dîne rapidement. Il prend la place que j'occupe habituellement à table, ce qui lui permet, de la cuisine, de garder un œil sur moi.

J'ai maintenant les deux bras enlacés autour de mon ventre et me balance d'avant en arrière comme lorsque, plus jeune, je faisais des crises pendant mes règles. Je respire aussi calmement que possible, mais la douleur va en s'accroissant. De l'extérieur, je dois ressembler à une folle. J'ai un mal de chien. C'est tout à fait différent de ma première fausse couche où, après une heure de bain chaud en pleine nature, j'ai perdu beaucoup de sang en sentant très nettement mon utérus se contracter. La douleur était complètement supportable. Là, je ne sens pas vraiment de contraction. J'ai juste terriblement mal au ventre de manière continue, tout en n'ayant pas la sensation de perdre beaucoup de sang.

Alors que je suis dans les toilettes, la douleur devient tellement forte que je m'accroupis et tape « gentiment » et à plusieurs reprises ma tête contre le mur. Impossible de me relever ni de retourner dans le salon. La distance, d'à peine deux mètres cinquante, me paraît trop grande. Me voilà à quatre pattes à marcher jusqu'à la chambre. L'avantage de vivre dans cinquante mètres carrés, c'est qu'il n'y a pas trop long à parcourir ! Je pousse la porte de la chambre et j'escalade le lit qui, à quatre pattes, me paraît soudainement très haut. Je n'appelle pas Maxime, je ne veux pas d'aide. J'ai besoin d'être seule. Seule avec ma douleur. D'être tout à elle.

Je suis maintenant allongée sur le ventre, la tête enfouie dans mon oreiller qui accueille mes souffrances. Mes bras sont croisés sous mon ventre et je me balance, non plus d'avant en arrière, mais de gauche à droite. Ce sont la position et les mouvements les plus antalgiques que je trouve. Je ne peux pas rester immobile. Je suis obligée de bouger. Je ne sais pas d'où viennent ces balancements ni pourquoi je les fais. Ils sont instinctifs, intuitifs, comme venus d'un lointain primaire. A posteriori, je me rends compte que ces gestes permettent de mettre mon bassin en mouvement et donc, je suppose, de faciliter l'expulsion. En attendant, je dois ressembler, au choix, à une possédée ou à une bête sauvage blessée qui laisse échapper des grognements entre deux respirations. Je me sens complètement envahie par la douleur. Et alors qu'elle atteint son paroxysme, l'instant d'après, elle s'arrête, d'un coup. Je lève la tête de mon oreiller, surprise et aux aguets. Mais où est-elle ? Où est ma douleur ? Il y a seulement quelques secondes, j'aurais pu implorer : « *Sois sage, ô ma Douleur, et tiens-toi plus tranquille.* » À présent, j'en suis à me dire : « *Ma douleur, donne-moi la main ; viens par ici.* »[7]. Je suis tellement stupéfaite d'être passée d'une douleur forte à « plus de douleur du tout » que je me questionne sur la réalité de ce que je viens de vivre. Comme si je me réveillais d'un mauvais rêve. Je m'assois sur le bord de mon lit, j'attends quelques instants puis me lève sans difficulté. Je rejoins alors Maxime dans le salon.

Je ne saurais dire combien de temps l'épisode du lit a duré, mais peu de temps, il me semble. Retour à la normale.

Alors que je m'attends à vivre une fausse couche en deux parties, comme pour la première, il n'en est rien. Le temps passe et… rien de plus ne se passe.

---

7. Charles Baudelaire, « Recueillement », *Les Fleurs du mal*, 1857.

Je m'arrête seulement deux jours, suivis du week-end. La quantité importante de travail que j'ai en ce début d'année et le fait de ne plus être dans la nouveauté — c'est ma seconde fausse couche — m'engagent à reprendre rapidement. Grossière erreur ! Une chose que je n'ai pas du tout anticipée, c'est la chute d'hormones et la fatigue. J'étais en vacances lors de ma première fausse couche, je pouvais me reposer et dormir comme bon me semblait, faire les choses à mon rythme. Par ailleurs, avec la découverte d'un environnement que je trouvais absolument fantastique, je n'ai pas ressenti cette chute d'hormones. Là, c'est tout à fait différent. Je travaille beaucoup et j'arrive à me concentrer. Mais la réalité est que je suis épuisée, et surtout, je me sens très vulnérable et sensible. Je me souviens par exemple de cet appel téléphonique pour déplacer le rendez-vous pris avec le chef de service de l'hôpital recommandé par ma sage-femme. La secrétaire avait du mal à trouver un nouveau rendez-vous et j'ai fini en pleurs au téléphone, sans arriver à me calmer.

— Je vous sens à bout. Il faut absolument vous reposer mademoiselle, m'a-t-elle dit avec beaucoup de bienveillance.

Une chose est certaine, ne faites pas comme moi. Laissez un peu de côté votre professionnalisme et votre engagement et prenez le temps du repos physique et psychologique.

Je garde un souvenir pénible et douloureux de cette période. Des maladresses, des mots, des actes qui m'ont stupéfiée et révoltée.

Je repense aussi au moment où j'ai appelé l'hôpital pour me désinscrire. Après plusieurs minutes d'attente sur une musique que je connais désormais par cœur :

— Bonjour, je souhaitais vous prévenir que j'ai malheureusement fait une fausse couche. Je vous appelle concernant mon inscription à l'hôpital.

— C'est bien d'appeler. Ça libère une place, et comme on a une longue liste d'attente…

Dans les faits, la personne au bout du fil avait raison, mais j'ai trouvé sa réponse très maladroite. Si une place se libérait, c'est parce que j'avais perdu mon bébé. Le malheur des uns fait le bonheur des autres. Je n'ai même pas eu droit à un « je suis désolée » ou à un « bon courage ». J'ai senti la colère monter en moi. Je n'ai rien répondu, alors qu'un « merci de votre sollicitude » me brûlait les lèvres, et j'ai rapidement pris congé.

Il y a d'autres impairs que l'on pardonne volontiers. Une amie qui vous appelle et vous donne des nouvelles de son bébé alors que vous avez perdu le vôtre il y a seulement quelques jours. Comment lui en vouloir alors qu'elle n'est au courant de rien ? Je suis de toute manière trop fragile pour rentrer dans des explications et n'en ai pas le cœur. Ou un collègue qui vous annonce la grossesse de son épouse. Fier comme Artaban, il précise qu'ils ont été très « productifs » puisque sa femme est tombée enceinte tout de suite. En moi-même, je pense : « *Nous, nous sommes productifs en grossesses non évolutives.* » Une autre amie vous énumère tous les organes observés pendant l'échographie en détaillant : « *C'est incroyable, il a déjà deux yeux, un estomac, une vessie...* ». Cette énumération fait écho à l'absence de rythme cardiaque pour nous. Lorsque Clémence me propose de me présenter son bébé, j'achète un joli petit ensemble pour sa fille, alors même que je trouve ma présence dans un magasin de puériculture très déplacée. Je décline toutefois l'invitation. Au courant de ma première fausse couche, je la préviens de la seconde. Elle m'écrit alors : « *Garde confiance, vraiment. Et je comprends que tu n'aies pas le cœur à venir nous voir. Prends le temps qu'il te faut. Je pense à vous.* »

Lorsque je retourne aux urgences faire mon échographie de vacuité, un dimanche, nous sommes reçus, Maxime et moi, par une interne que nous n'avons encore jamais vue, Camille. De taille moyenne, yeux noisette, cheveux longs châtains ramenés dans un chignon décoiffé, la démarche assurée, on sent qu'elle a du caractère. Elle commence par me dire que les échographies de vacuité doivent normalement être réalisées à l'extérieur, pas aux urgences. Je suis confuse. Il est vrai que cela ne m'a même pas traversé l'esprit, puisque mon suivi s'est toujours fait dans cet hôpital. Elle me voit sincère et passe à l'examen. Elle me pose des questions et répond à mes interrogations. En effet, je ne suis pas certaine que tout soit bien parti, cette seconde fausse couche ayant été très différente de la première. L'échographie permet pourtant de conclure qu'il n'y a pas de rétention. Plus rien.

— Je vous conseille d'attendre une nouvelle fois d'avoir vos règles avant de réessayer d'avoir un enfant. Ce n'est pas obligatoire mais c'est mieux, nous dit Camille.

Surprise, je lui réponds :

— Honnêtement, je ne me vois pas reprendre un moyen de contraception pendant un mois. Il me semble que la chance que je retombe enceinte tout de suite après cette fausse couche est faible. Ça ne s'est en tout cas pas produit la dernière fois.

— En fait, c'est le contraire. Vous avez des

chances de retomber enceinte immédiatement après une fausse couche. C'est comme si votre corps était encore en mode « conception bébé ».

Tandis que je lace mes chaussures, je lève la tête, la regarde et lui dis :

— Je note ce que vous me dites et vais y réfléchir, mais à l'instant où je vous parle, je ne me vois pas attendre un nouveau cycle. Nous allons continuer d'essayer d'avoir un enfant sans faire de pause.

Elle me fait alors une ordonnance pour que je puisse faire une échographie de datation à six semaines d'aménorrhée lors de ma prochaine grossesse. Puis nous quittons l'hôpital, rassurés qu'une fois de plus, cette fausse couche n'ait pas nécessité de curetage ou autres soins particuliers.

La prochaine fois, je joue au Loto !

Il est des moments où la vie ressemble à une pièce de théâtre, un film ou un roman. Tout peut arriver. L'inimaginable, l'improbable devient alors réalité. Laissez-moi vous raconter un de ces moments.

Nous sommes mi-février 2018 et avons enfin rendez-vous avec le chef de service dont ma sage-femme nous a parlé. Chef de service absolument introuvable ! Alors au rez-de-chaussée, nous nous renseignons auprès de deux personnes dans le hall dont le rôle est d'aiguiller les patients. Elles sont assises chacune sur des tabourets à un étroit bureau. Derrière elles, des plantes vertes.

Au nom que nous demandons, elles font de grands yeux ronds. Jamais entendu parler de ce médecin. Je leur demande si elles sont en mesure de se renseigner, regarder leurs ordinateurs, passer des appels. Mais elles ne peuvent rien pour nous.

Cela me laisse vraiment sans voix. Quand on pense au manque criant de personnel dans les hôpitaux, on se demande ce que ces deux personnes font là, plantées au milieu du rez-de-chaussée. Leur seul conseil est de s'adresser à leurs collègues derrière une baie vitrée.

Alors que nous frappons et entrons, nous sommes accueillis par un nasillard :

— Vous avez pris un ticket ?

Nous ressortons prendre un ticket, attendons patiemment notre tour pour avoir le droit de parler à une dame peu aimable qui ne connaît pas non plus le médecin avec lequel nous avons pourtant rendez-vous. Elle nous envoie au bout d'un couloir demander notre chemin au personnel soignant qui recueille les urines des patientes. C'est incroyable, personne ne semble connaître personne dans cet hôpital ! Nous nous sentons baladés d'un endroit à un autre, condamnés à errer jusqu'à trouver une bonne âme qui nous renseigne correctement. À ce rythme-là, nous allons finir par rater notre entrevue. Tandis que je pense en moi-même : « *Heureusement qu'ils sont plus professionnels aux urgences et que l'on est correctement reçus !* », nous trouvons le fameux bureau du docteur. Il est à cinq mètres de l'accueil et quasiment un mètre de la dame au ticket, à la voix nasillarde, derrière sa baie vitrée. Incompréhensible !

Le bureau est fermé et il n'y a pas l'air d'avoir âme qui vive à l'intérieur. Maxime s'assoit sur une chaise et guette l'arrivée du médecin. De mon côté, je vais me renseigner auprès de la dame qui recueille les urines, dans une petite salle sans fenêtre, au bout du couloir. C'est un sacré personnage, haut en couleur ! Elle me fait penser à la « Mama » d'*Autant en emporte le vent*. Des formes généreuses, un caractère bien trempé, elle parle fort. Elle demande pour la troisième fois à une jeune femme de monter sur la balance et commence à perdre patience. À côté de cette salle, des toilettes, et en face, une salle d'examen. Je n'y jette qu'un rapide coup d'œil, mais reste en moi le souvenir de fauteuils d'examens positionnés les uns à côté des autres, séparés simplement par des paravents. Pas vraiment d'intimité. Dans le couloir, des femmes enceintes à différents stades de leur grossesse attendent certainement leur examen mensuel, après avoir fait un test urinaire et s'être pesées.

Et là, la porte des toilettes s'ouvre.

Au bureau, c'est un perpétuel défilé de femmes enceintes. Ou plutôt une course de relais. Dès qu'une fille part en congé maternité, une autre annonce sa grossesse. Être entourée de femmes enceintes, ce n'est pas tous les jours facile lorsque vous-même faites des fausses couches consécutives. Mais vous vous dites qu'un jour, ce sera peut-être votre tour.

Mon sang ne fait qu'un tour. Joues rosies par le froid et gobelet d'urine à la main, Julie, avec son gros ventre, fait son apparition ! Elle est vraiment surprise de me voir et me dit un simple :

— Bonjour Diane.

— Bonjour, m'entends-je dire.

Ouf, pas de question. Quelques instants paralysée, je reprends mes esprits rapidement, double tout le monde pour aller voir la dame qui recueille les urines dans la petite pièce.

— Bonjour Madame, je vous parle doucement car je viens de croiser ma supérieure qui sortait des toilettes. Elle est juste derrière.

En vérité, ce n'est pas ma supérieure, mais je fais au plus simple pour m'assurer qu'elle va parler à voix basse. Elle hoche la tête et cligne des yeux en signe de compréhension. Alors que j'ai toute son attention, je continue :

— Je ne viens pas faire un test d'urine ni me peser. Je ne suis pas enceinte. Je viens voir le Dr Daniel. On est d'accord que je peux filer directement à son bureau sans passer par vous ? Il va arriver ?

— Oui, il va arriver, allez-y, me répond-elle sur le ton de la confidence, d'un air soudain grave et complice.

Je ne demande pas mon reste. Je la remercie, tourne les talons et file.

Incroyable ! Combien de chances avais-je de tomber sur une collègue de travail ? Je revois encore la porte blanche des toilettes s'ouvrir sur Julie. Ma surprise, sa surprise. Ce moment de silence et de gêne après des salutations polies. Ce genre de situation n'arrive que dans les films, pas dans la réalité ! Une chose est sûre, maintenant, je crois en mes chances de gagner au Loto ! Diable !

Le Dr Daniel arrive justement. Maxime et moi nous engouffrons dans son bureau. Il doit avoir une quarantaine d'années. Blouse blanche, cheveux clairs bouclés et baskets Fila aux pieds, il est décontracté et souriant. Il nous met à l'aise tandis qu'il consulte mon dossier médical. Puis il nous demande ce qu'il peut faire pour nous. Maxime prend la parole et explique la situation et son souhait de faire des examens. Le Dr Daniel plonge à nouveau les yeux dans mon dossier et plus particulièrement sur mes échographies avant de nous répondre. Il nous regarde ensuite tous les deux et nous dit :

— Écoutez, je sais que c'est difficile à entendre quand on vient de faire deux fausses couches consécutives, mais si je parle vulgairement, je dirais que « c'est la faute à pas de chance ». L'ovule n'était peut-être pas viable, ou le spermatozoïde, ou la rencontre des deux.

— Justement, reprend Maxime à qui le médecin a tendu une belle perche, ne devrions-nous pas faire des analyses et tester la qualité des spermatozoïdes ?

Le docteur explique alors quels sont les premiers examens prévus pour l'homme et répond aux questions de Maxime. Puis ajoute :

— Vous savez, je serais vous, je ne me lancerais pas dans une batterie de tests. La vérité est que si l'on fait passer ces tests à des couples fertiles, on leur trouvera certainement quelque chose. Et pourtant, ils n'ont eu aucun problème à avoir des enfants. Quand les couples passent des examens, la moindre chose « anormale », alors qu'elle n'explique pas à elle seule la difficulté à avoir un enfant, devient une source d'angoisse et de fixation. Et c'est dommage. C'est pour cela que l'on ne commence à effectuer des recherches qu'après trois fausses couches consécutives.

— Donc pour vous, on ne perd pas du temps si on ne fait rien et qu'on retente d'avoir un enfant, m'entends-je dire.

— C'est la meilleure chose à faire. Vous tombez enceinte facilement. Deux grossesses en environ six mois. Cela signifie que tout fonctionne. C'est très bon signe.

— D'accord, mais les bébés n'évoluent pas. À chaque fois, je les perds.

— C'est vrai, et ça n'est pas facile. Mais j'ai regardé vos échographies et vous les perdez dans la période où il y a le plus de risque de les perdre, les trois premiers mois. L'embryon ne s'est pas bien développé et sa croissance s'est stoppée rapidement. Cela ne présume en tout cas de rien pour la prochaine grossesse.

— Il me semble avoir lu que 15 %[8] à 25 % des femmes font des fausses couches dans leur vie, moins de 5 % en font deux consécutivement et moins de 1 % en font trois ou plus[9] ! Ce n'est pas du tout la même chose de faire une fausse couche quand vous avez déjà réussi à avoir un enfant. Quand c'est votre premier et que cela vous arrive deux fois de suite, vous vous posez forcément des questions.

8. Laurence Pernoud, *op.cit.*

9. https://www.fertilys.org/comprendre-linfertilite/a-propos-des-fausses-couches/

Je partage alors ce qui me préoccupe le plus :

— Je n'ai pas peur de retomber enceinte, mais j'ai peur, une fois enceinte, de perdre à nouveau le bébé. J'ai l'impression d'avoir une épée de Damoclès au-dessus de la tête. Je crains d'être angoissée, d'avoir du mal à gérer ces trois premiers mois de grossesse, de les vivre dans une grande anxiété.

Le Dr Daniel plonge alors ses yeux dans les miens et me dit :

— Vous serez inquiète et c'est normal. Mais vous serez aussi accompagnée. Vous ne serez pas seule.

Ce médecin, avec son bon sens et sa manière de nous parler directe mais bienveillante, nous rassure. Nous sommes en confiance et tout paraît finalement très simple.

— Nous avons une dernière question, dis-je. Nous allons partir aux Maldives plonger. J'ai lu qu'il était interdit de plonger en étant enceinte. Mais si on ne connaît pas notre état ?

— C'est en effet contre-indiqué. Mais d'après les études menées, il n'y a pas eu de répercussion pour les femmes ayant plongé en tout début de grossesse, alors qu'elles ne le savaient pas encore.

— C'est quoi, le tout début de la grossesse ?

— Je dirais les quatre premières semaines. Mais si vous savez que vous êtes enceinte, ne plongez pas. Ce sera de toute façon un beau voyage.

Un ange passe. Puis le médecin nous demande :

— Est-ce que vous avez d'autres interrogations, sujets que vous souhaiteriez aborder ?

— Je pense que nous avons fait le tour, affirme Maxime.

— N'hésitez pas si besoin.

— Merci Docteur, disons-nous en chœur.

Lorsque nous sortons de son bureau, je sens Maxime confiant et serein. Nous appelons ma sage-femme qui nous a demandé de la prévenir lorsque nous aurons terminé. La voilà qui arrive. Elle nous salue, puis nous demande :

— Comment s'est passé votre rencontre avec Daniel ? Vous, Monsieur, comment vous sentez-vous ?

— Bien, répond Maxime. Il est super ! C'était un moment d'échange intéressant.

Après quelques minutes de discussion, Maxime doit partir. Je reste quelques instants de plus avec Joséphine pour la remercier de nous avoir orientés vers ce médecin.

— Ce Dr Daniel est vraiment sympathique. J'ai aimé sa simplicité, sa manière de nous parler, franche, mais compréhensive. C'était bien pour Maxime de rencontrer un homme. Je pense qu'il est content et rassuré. Nous n'allons pas nous lancer dans des examens.

— C'est bien. C'est très bien, répond Joséphine. Je me suis dit qu'il était en effet opportun et bénéfique qu'il puisse discuter avec un homme. Et puis je connais le Dr Daniel depuis des années. C'est un excellent médecin.

Je lui raconte l'anecdote de ma rencontre surprise avec une collègue lorsque celle-ci passe devant nous avec son compagnon. Elle a un regard amusé dans notre direction. Si elle savait ! Mon histoire n'a pourtant rien de drôle.

Malgré ces deux fausses couches consécutives, malgré la crainte que l'histoire se répète à nouveau, je me sens confiante. La complicité que j'ai avec ma sage-femme m'aide énormément. Et l'ensemble des professionnels de l'hôpital qui nous accompagne est tout simplement extraordinaire. Leur humanité, leur bienveillance, leur sens de l'écoute – il faut dire qu'il vaut mieux avec moi – et le temps qu'ils prennent pour nous expliquer les choses, nous donner des conseils avisés sans jamais rien nous imposer, nous permettent de nous projeter dans une nouvelle grossesse sereinement. J'ai aussi ma famille et quelques-uns de mes amis qui ont suivi notre histoire et sur lesquels je peux compter. Et, bien sûr, il y a Maxime. Nous sommes quelque peu ballotés par les flots, mais la barque résiste et ensemble, nous tenons le cap vers notre souhait d'enfant.

À dire vrai, la seule chose que j'ai perdue, c'est mon ingénuité. J'étais tellement sûre que tout irait bien, serait facile et simple… jamais je ne m'étais imaginée passer par là. Je me souviens d'une amie, à peine plus âgée que moi. Sans en savoir rien, elle me soutenait que je n'aurais pas de difficulté à avoir un enfant, tandis qu'elle sentait que ce serait un long parcours pour elle. Bêtement, ce genre de propos renforçait la confiance que j'avais d'avoir facilement un bébé et entretenait ma naïveté sur ce sujet, alors que ni elle ni moi ne pouvions savoir ce qu'il en serait. Elle est tombée enceinte en moins de quatre mois et son bébé a aujourd'hui plus d'un an.

Je me suis pris deux grandes claques et ça a été la stupeur profonde. En un rien de temps, je suis tombée de mon nuage, abasourdie et interdite. Maintenant que j'ai sur ce sujet le sens des réalités et les pieds sur terre, la vie m'assignera-t-elle une troisième claque ou me donnera-t-elle un enfant ?

Troisième partie

Surprise

En ce dimanche de fin février 2018, le temps est doux et clément. Je sens les rayons chaleureux du soleil me caresser le dos à travers la vitre. Dehors, les branches des arbres s'animent doucement au gré d'une brise légère. Attablés devant un magnifique poulet fermier, un verre de bon vin rouge à la main, je savoure chaque bouchée de notre déjeuner. Il ne m'en faut pas plus pour me sentir comblée par la vie !

L'après-midi, nous continuons Maxime et moi de préparer notre voyage pour le Sri Lanka et les Maldives. Nous partons en effet dans moins d'un mois et avons pour habitude de réaliser nous-mêmes notre périple. Puis, immuablement, le lundi succède au dimanche et nous voilà de nouveau happés par le rythme soutenu d'une semaine de travail. Un soir, alors que Maxime me sert un verre de vin, je m'aperçois que le breuvage que je trouvais si bon il y a quelques jours m'écœure aujourd'hui. C'est amusant, une petite voix me murmure que je ne vais plus boire de vin pendant un moment. Le vendredi me voit dans un état d'allégresse que je ne m'explique pas et le samedi, j'ai des douleurs de règles et des tiraillements dans le bas-ventre qui ne sont pas sans me rappeler des souvenirs.

Le lendemain, alors que Maxime part courir le semi-marathon de Paris, je fais un test de grossesse. Je suis seule dans l'appartement. Tout est calme. Inutile de relire la notice, je la connais par cœur. Lorsqu'une deuxième barre bien rose apparaît sur le test, un large sourire se dessine sur mes lèvres. Je suis enceinte, à nouveau. J'ai une pensée pour Camille, l'interne de l'hôpital, qui m'avait avertie que je pouvais tout à fait retomber enceinte immédiatement après ma fausse couche.

Je ne me sens ni euphorique ni inquiète. Je suis paisible et posée. Je prépare le déjeuner en attendant le retour de mon coureur invétéré. Je glisse le test de grossesse près de l'assiette, caché par les rebords de cette dernière. Au moment de passer à table, Maxime ne le voit pas tout de suite, mais lorsque son regard se pose enfin dessus, une lueur s'allume dans ses yeux :

— Mais… qu'est-ce que c'est ?

Je le regarde avec tendresse.

— Je ne sais pas. À quoi cela ressemble-t-il ?

— À un test de grossesse !

Alors que ses yeux font des allers-retours entre le test et mon visage, il se décide à le prendre dans ses mains pour regarder le résultat. Ses prunelles pétillent alors de joie.

Mon échographie de datation est prévue le 14 mars. J'ai depuis quelques jours des pertes marron qui ne m'inquiètent pas outre mesure, sans pour autant me permettre de me projeter dans cette nouvelle grossesse. Mes fausses couches ont en effet toutes commencé par ce type de pertes. La seule différence avec mes grossesses précédentes, ce sont des nausées continuelles. Mon test de β-HCG indique un taux de 32 075 ui/l, qui signifie que je suis entre six et sept semaines d'aménorrhée, donc quatre à cinq semaines de grossesse.

Alors que je m'apprête à me rendre à mon rendez-vous d'échographie, je remarque un peu de sang rouge vif et liquide. Peu. Quelques gouttes seulement, mais suffisamment pour aller à ce rendez-vous le cœur serré. J'écris à ma sage-femme Joséphine pour la prévenir.

Je patiente dans la salle d'attente de l'échographiste sur fond de musique classique. La fenêtre est ouverte. Au loin, un grand boulevard charriant des centaines de voitures dont le bruit parvient jusqu'ici. Six fauteuils confortables sont installés autour d'une cheminée à moulures blanches. Au sol, du parquet. Je me trouve dans un bel appartement transformé en cabinet médical. Tandis que je me fais cette remarque, je me rends compte que je n'ai pas rendez-vous avec le médecin qu'on m'a recommandé mais avec sa remplaçante. Et je n'ai pas que des souvenirs heureux des remplaçants des médecins. Nous verrons bien!

La porte s'ouvre bientôt sur une petite dame très brune, les cheveux mi-longs. Un visage assez anguleux, des yeux noirs. Elle me demande si je suis seule et paraît assez étonnée que je ne sois pas accompagnée. Je rentre dans son bureau où elle me propose de m'asseoir afin d'ouvrir mon dossier.

— C'est la première fois que vous venez? me demande-t-elle.

— Oui. En réalité, à chaque fois que je prends rendez-vous avec vous, je suis contrainte d'annuler quelques jours avant du fait d'une fausse couche. Cela m'est arrivé deux fois.

Ai-je dit cela d'un ton badin et détaché? Peut-être. Même si je n'en ai pas le souvenir. Car ma réponse lui laisse échapper un petit rire bref et sec qui me laisse sans voix. C'est tout sauf drôle! Je trouve sa réaction spontanée complètement inappropriée et déplacée.

Après quelques questions, nous passons à l'examen. Je vois alors à l'écran ce que j'ai toujours vu dans mes précédentes échographies, à savoir un sac avec un embryon de trois millimètres à l'intérieur. Rien de bien nouveau. Jusqu'à ce qu'elle ajoute:

— Et là, ce qu'on voit, ce sont les battements du cœur.

— Pardon? Il y a une activité cardiaque?

— Oui, on le voit bien. Regardez, ici.

J'ai beau regarder dans la direction qu'elle m'indique, écarquiller les yeux, je ne distingue honnêtement pas grand-chose. Mais j'en reste bouche bée. Sur le compte-rendu est noté que les conditions techniques sont très défavorables et que la grossesse intra-utérine mono-embryonnaire est évolutive. Je suis enceinte de quatre semaines exactement.

Je lui fais part de notre voyage à venir:

— Vous pensez que cela va tenir?

Elle regarde à nouveau les clichés.

— Il n'y a pas de décollement. Je ne peux pas vous assurer que vous ne ferez pas une fausse couche et dans le cas où vous en feriez une, je vous conseillerais de rester en France. Il n'y a pas les mêmes structures de santé au Sri Lanka.

Alors que nous partons dans cinq jours, son discours ne m'alarme pas. Car même si l'activité cardiaque s'arrêtait aujourd'hui, nous serions de retour en France lorsque je perdrais concrètement le bébé.

Je sors de son bureau et descends les escaliers de bois étroits en titubant. Je m'accroche à la rampe. Je suis complètement abasourdie. Une activité cardiaque. Il y a une activité cardiaque ! Je devrais sauter de joie, mais alors que j'arrive sous le porche de l'immeuble, je suis prise de vertiges. Je m'assois un instant avant de prévenir Maxime, qui est aux anges, puis ma sage-femme à laquelle je laisse un message vocal. Le ton de ma voix en dit long. Je me sens bouleversée, animée par des sentiments contradictoires : la surprise, la joie et à la fois une peur irrationnelle sur laquelle je ne mets pas encore de mots.

Le soir, alors qu'il est plus de 21 h 30, mon téléphone sonne. C'est Joséphine ! Je bénis ses appels. Quelle chance j'ai d'avoir à mes côtés quelqu'un de si engagé.

— Bonsoir ! Désolée de vous appeler si tard, mais je n'ai pu me libérer que maintenant. J'ai senti que ça n'allait pas trop au ton de votre voix.

Je lui explique alors mon entrevue avec le médecin, les conclusions de l'échographie, mon ressenti et mon incompréhension devant mes émotions.

— Je devrais être heureuse et, bien sûr, je suis contente, mais je n'arrive pas à totalement me réjouir. Nous partons dans cinq jours au Sri Lanka puis aux Maldives. Les Maldives offrent des spots de plongée parmi les plus beaux du monde et je ne vais pas pouvoir en profiter.

— Oui, j'ai redemandé pour vous au Dr Daniel et il m'a confirmé qu'il ne faudra pas plonger. Ce serait dommage de mettre en danger ce bébé alors que cette fois, il y a une activité cardiaque.

— Vous avez raison. Et puis, je me connais. Si je plongeais, je n'en profiterais pas du tout. Je serais tout le temps en train de me demander si mon bébé va bien. Et cela me poursuivrait toute ma grossesse et même après la naissance. Au moindre problème, je me demanderais si c'est de mon fait, si c'est parce que j'ai choisi de plonger. Je préfère ne pas prendre de risque et être sereine sur cet aspect.

— Pas de regret à avoir : une contrainte pour un bien !

— C'est juste un peu… frustrant !

Un silence. Puis je poursuis :

— Tandis que je vous parle, je pense que j'ai enfin trouvé les mots pour exprimer mon malaise. Je n'arrive pas à totalement me réjouir et je me sens coupable de ne pas y parvenir. Mais j'ai peur. Et si j'ai peur, c'est parce que je n'ai pas confiance dans les capacités de ce bébé à vivre. Je crains que l'histoire se répète et qu'il me lâche comme les autres.

— Le temps et le développement de votre bébé vous y aideront. Restez confiante.

— Merci pour votre soutien. Le simple fait d'avoir mis des mots sur ce mélange hétéroclite d'émotions me permet de me sentir mieux. Beaucoup mieux.

— Tenez-moi au courant et envoyez-moi une carte du Sri Lanka.

— Je n'y manquerai pas. Merci encore !

— Au revoir et bon voyage !

— Au revoir !

Lorsque je partage avec ma petite sœur le fait que je ne fasse pas confiance à mon bébé pour vivre, elle me rétorque immédiatement :

— Tu pars au Sri Lanka et c'est certes proche de l'Inde, mais ce bébé n'est pas la réincarnation des deux précédents. C'est un bébé tout neuf qui a toutes ses chances ! Alors, déstresse !

Sa manière de voir et dire les choses m'a toujours désarmée, et nous partons toutes les deux dans un fou rire.

Mon ennemi l'escalier

S'il y a une chose que j'ai tout de suite ressentie lors de mes trois grossesses, c'est un essoufflement en montant les escaliers. Cinq petites marches suffisent à me contraindre à faire une pause pour reprendre ma respiration. Si bien qu'au travail, mon assistant finit par me dire, sur le ton de la plaisanterie, qu'il est grand temps que je reprenne une activité sportive !

Nous voici arrivés à Colombo, capitale du Sri Lanka. Il fait chaud, 31 degrés, et humide. Au sortir de l'avion, nous sommes accueillis par des femmes en saris colorés. Cela n'est pas sans me rappeler l'Inde aux mille couleurs, aux mille odeurs. Après un voyage en bus de plus d'une heure pour rejoindre le centre-ville sur des routes complètement congestionnées, nous marchons jusqu'à la gare. Nous souhaitons dès le lendemain nous rendre à Kandy. Pour notre premier voyage en train, nous choisissons un wagon climatisé, ce qui nous contraint à nous lever à 5 h 20. Heureusement, notre hôtel est à cinq minutes de la gare.

Dans notre couple, celui qui a un sens de l'orientation aiguisé, qui sait se servir d'une boussole et lire une carte IGN pour trouver notre chemin de randonnée parmi le dédale des voies possibles, c'est Maxime. Mais ce matin-là, je dois dire qu'il s'est vraiment planté en beauté.

Nous partons avec un peu de retard de l'hôtel par rapport à l'heure décidée la veille. Mais comme nous sommes très près de la gare, c'est sans conséquence. Lorsque Maxime tourne à gauche, je lui fais part de mon étonnement. Je serais, pour ma part, allée tout droit.

Il est 5 h 40 et le train part dans quinze minutes. Nous demandons à des personnes qui travaillent sur la voie publique où est la gare. Avec des gestes plus que des mots, nous comprenons qu'il faut prendre à droite. Nous commençons à allonger sérieusement la foulée. Le temps presse et toujours pas de gare en vue. Nous tournons à nouveau à droite. La gare ne doit plus être très loin. Un tuk-tuk passe. Nous hésitons à le prendre, mais le temps de négocier, nous perdrions de précieuses minutes. La pression monte d'un cran : nous allons finir par rater notre train !

5 h 52, le train part dans trois minutes. Quand soudain, la voilà ! Juste en face de nous ! Il suffit de traverser la route. Le problème, c'est qu'il y a une immense barrière de fer grillagée qui divise les deux voies et nous empêche de passer. Nous nous mettons alors à interpeller des passants.

Deux minutes avant le départ.

Un homme, devant notre désarroi, nous montre une passerelle vers laquelle nous nous précipitons. Des escaliers, l'ennemi de la femme enceinte ! Montés en courant, sac sur le dos, c'est le pire scénario. Une fois dans la gare, nous demandons « Train for Kandy ? Kandy ? Kandy ? », mais personne n'a l'air de comprendre. Alors que je m'apprête à prendre une nouvelle passerelle, Maxime fonce tout droit vers la plateforme 2. Je me souviens maintenant que le vendeur de billets avait parlé de la plateforme 2. Nous sautons dans le premier wagon tout en nous assurant que c'est bien le train pour Kandy auprès des passagers. Nous sommes couverts de transpiration et la climatisation est la bienvenue. Des Sri Lankais rient de nos têtes rouges. Pour un peu, de la vapeur sortirait de nos corps. Une minute après, le train s'ébranle. C'est un vieux tchou-tchou qui doit faire du 40 à 60 km/h.

Nous sortons rapidement de la ville pour découvrir la campagne. Un gros soleil rouge monte lentement dans le ciel, baignant la plaine verte et plus loin la jungle de teintes orangées. Des bœufs broutent tranquillement. C'est très sauvage. Le calme des lieux n'est troublé que par le bruit de la locomotive et des rails crissant et gémissant, nous secouant souvent sur nos sièges. Les portes du train donnant sur l'extérieur restent ouvertes durant tout le trajet. Pas de système de fermeture automatique de portes ici ! Tandis que j'admire le paysage et que je reprends ma respiration, je pose la main sur mon ventre et dis à mon bébé :

— Tu as vu, ta maman a de la réserve ! Quel sprint avec une superbe montée et descente d'escaliers. J'espère que tu vas bien.

Des marches en étant enceinte, ce ne sont pas les premières de notre voyage ni les dernières. Le tout est de prendre son temps, de monter à son rythme. C'est ce que nous faisons lorsque nous nous rendons à Sigiriya et son fameux rocher, culminant à 180 mètres de hauteur. À titre de comparaison, la Tour Eiffel fait 324 mètres.

Le site est superbe. Ces vieilles pierres racontent l'histoire d'un roi parricide ayant chassé son frère et s'étant fait construire un palais tout en haut d'un rocher. Nous commençons à monter les escaliers tranquillement jusqu'à arriver à la hauteur de fresques très bien conservées, représentant les concubines du roi. Il est dit qu'il les honorait toutes régulièrement. Comme on en comptait cinq cents, il ne devait pas chômer !

Nous voici maintenant au sommet, après mille marches, montées somme toute facilement. La vue est splendide et le soleil déclinant donne des teintes magnifiques au paysage dont nous profitons pendant un long moment. Nous redescendons les mille marches et rentrons à pied jusqu'à notre *guesthouse*[10]. Nous ne croisons personne sur le chemin de retour, hormis des panneaux *Danger* signalant le passage d'éléphants. De pays en pays, les panneaux changent. Des ours au Canada, des lamas et vigognes au Pérou, des vaches en Inde, des moutons et poneys en Islande.

Tout en marchant, je me demande quel comportement adopter face à des éléphants. Le propriétaire du restaurant où nous dînons nous donne des consignes de sécurité.

En grand groupe, les éléphants ne sont apparemment pas dangereux. Mais gare à nous si nous croisons le chemin d'un petit groupe avec des éléphanteaux.

10. Maison d'hôtes.

— Le tout est d'agir normalement. Si vous croisez leur chemin, commencez par marcher à reculons.

Je pense en moi-même en souriant : « *C'est vrai qu'il est tout à fait naturel de marcher à reculons dans la vie de tous les jours.* »

Il ajoute :

— Surtout, ne courez pas et ne criez pas.

Je m'imagine tout à coup coursée par un troupeau d'éléphants, dont la foulée doit être bien plus rapide que la mienne, enceinte d'un mois et rapidement essoufflée.

La prochaine étape est de rallier Dalhousie pour faire la montée de l'Adam's Peak, lieu de pèlerinage des bouddhistes, musulmans et catholiques. Après 2 h 30 de train, nous prenons un bus qui a piteuse allure. Les sièges sont défoncés, en parfaite harmonie avec l'état général de notre moyen de locomotion qui crache une épaisse fumée noire à chaque accélération. La route est absolument magnifique et traverse des paysages somptueux de champs de thé. Des femmes tamoules y travaillent toute l'année, qu'il pleuve, vente ou sous un soleil de plomb. Mais on ne peut pas dire que la chaussée soit en très bon état. Je me demande comment se sent mon bébé. Est-ce qu'il sent les vibrations du bus ? Est-ce que cela peut avoir un impact sur lui ? Puis je l'imagine, mesurant entre trois et cinq millimètres, flotter gentiment dans mon ventre, au calme.

Une fois arrivés à destination, nous prenons du repos et je m'allonge. Demain, nous serons nombreux à monter là-haut, au sommet de l'Adam's Peak. La plupart des gens partent à 2h du matin, le soleil se levant un peu avant 6h. Quant à nous, nous pensons mettre deux heures au lieu des trois à quatre heures indiquées dans les guides. Même enceinte, cinq mille cinq cents marches ne m'effraient pas du tout. Et puis j'ai mes bâtons de marche pour m'aider. En respectant le rythme qui est le mien, il ne devrait pas y avoir de problème particulier.

Lorsque nous entamons la montée au beau milieu de la nuit, à 3h15 du matin, nous sommes étonnés de voir autant d'échoppes ouvertes. Gâteaux, sucreries mais aussi bonnets et vêtements chauds sont vendus tout le long du chemin. Je marche comme un escargot dans le noir. Lentement mais sûrement, toujours avec le même rythme. Je suis à l'écoute de mes sensations et m'arrête dès que j'en ressens le besoin.

Toutes sortes de personnes font l'ascension. Des familles entières souvent chaussées de claquettes, des femmes avec leur bébé de quelques mois dans les bras, des personnes âgées. Pour certains, la montée est éprouvante. Une vieille dame rend ce qu'elle a dans le ventre dans un coin tandis que des hommes descendent deux civières dans lesquelles un couple de vieux repose. Ont-ils fait un malaise ? Où sont-ils montés en civière en vue de parcourir ce chemin sacré avant leur mort prochaine ?

Nous arrivons au sommet en deux heures. Il est 5 h 10. Et là, le spectacle est surprenant. Face à nous, un ramassis de sans-abris ! Du moins, c'est la sensation que j'éprouve en voyant tous ces gens amassés, assis ou debout, se protégeant du froid avec des couvertures, grelottant comme des malheureux, pieds nus.

Nous rejoignons la foule hétéroclite et colorée de pèlerins et touristes – et non de sans-abris – et attendons tous ensemble le lever du soleil. Les premiers rayons apparaissent à 6 h 10 exactement, soit une heure après notre arrivée. Devant nos yeux, un paysage de fin du monde. Le soleil laisse apparaître une brume mouvante et rapide qui tantôt cache, tantôt dévoile les sommets montagneux. Les changements rapides de lumière, la brume simultanément fuyante et présente, la musique cacophonique et à la fois harmonieuse des cymbales, trompettes et tambours donnent au tout une touche d'irréel. On se croirait dans un rêve étrange.

Bientôt, l'aube fait place au grand jour, et c'est sous un soleil généreux et un ciel bleu azur que nous descendons les cinq mille cinq cents marches, profitant des paysages. Une légère brise fait voler les drapeaux de prières tibétains ponctuant le chemin. Je me remémore ceux du Ladakh, dans le nord de l'Inde.

Mes plus beaux souvenirs au Sri Lanka sont les heures passées dans ces trains d'un autre temps, traversant des plantations de thé. Si notre premier voyage en train s'est fait en première classe, c'est la seconde classe qui nous accueille le reste du temps. Pas de climatisation mais des ventilateurs qui tournent et brassent de l'air chaud, et surtout, pas de réservation. Si bien qu'il faut monter rapidement dans le wagon pour tenter d'avoir une place assise. C'est parfois peine perdue. Mais l'ambiance dans ces trains est unique : des touristes et Sri Lankais admirant ensemble les paysages, des voyageurs assis sur les pas de porte donnant directement sur l'extérieur, jambes bringuebalantes ; des tunnels, des ponts et du thé à perte de vue !

Concernant ma grossesse, j'ai toujours des pertes marron, mais qui s'estompent pour disparaître totalement à moitié de notre périple. J'ai aussi des douleurs de règles régulières et parfois douloureuses me donnant des crampes dans les jambes. Et enfin des nausées, qui me rendent réellement malade une fois seulement.

Je prête une attention particulière à la nourriture et à l'eau. Nous ne mangeons jamais dans la rue et buvons uniquement de l'eau en bouteille. N'étant pas immunisée contre la toxoplasmose, nous allons dans des restaurants recommandés où je prends toujours des aliments bien cuits. Je suis aussi à l'écoute de mon corps et me repose dès que j'en ressens le besoin. Ainsi, lorsque Maxime part visiter Colombo sous une chaleur torride, je décide de rester sous les arcades d'un café à siroter une citronnade car je sens que tout de suite, maintenant, c'est la meilleure des choses à faire. Nos vacances s'achèvent d'ailleurs par quelques jours aux Maldives où nous ne prévoyons rien, si ce n'est de la détente et du repos.

Sous l'océan

Les Maldives, ou le paradis des plongeurs !

Une fois à Male, la capitale, nous prenons le *speed boat* jusqu'à notre île. L'océan est d'huile. Pas une vague à l'horizon, si bien que la sensation de glisse est incroyable. Nous passons devant des îles resort de luxe, réservées uniquement aux touristes ; une succession de cabanons identiques s'échelonnent sur la mer. Finalement, de loin, je ne trouve pas cela si romantique.

Depuis quelques années, les touristes ont la possibilité d'aller sur des îles habitées par la population locale, ce qui nous permet d'entreprendre ce voyage. Notre hôtel coûte en effet 50 $ par nuit, montant très raisonnable en comparaison des 500 $ à débourser dans les complexes de luxe.

Après du repos, il est temps de découvrir la plage. L'eau est incroyablement chaude et du rivage, sans mettre les pieds dans l'eau, nous voyons trois petites raies. Nous passons le reste de la journée à faire du snorkeling et à admirer les multiples poissons aux mille couleurs.

Maxime, par solidarité, ne souhaite pas plonger. Mais je le persuade du contraire. Nous sommes dans le temple de la plongée. Il serait dommage de ne pas en profiter ! Qu'au moins un de nous deux puisse admirer la richesse des fonds marins !

Nous nous renseignons auprès d'un centre. Les moniteurs partent justement le lendemain voir les raies Manta puis un autre « spot » qui recouvre une grande diversité de poissons. L'instructeur me demande si je plonge. Je réponds par la négative en lui expliquant que je suis enceinte. Il me félicite chaleureusement et me propose, si je le souhaite, d'accompagner gratuitement Maxime sur le bateau et de faire du *snorkeling*. Peut-être apercevrai-je moi aussi les raies. C'est tentant, mais une chose me retient encore. C'est à une heure de bateau et je suis très facilement malade en transport. Paradoxalement, je suis moins sensible en étant enceinte, ce que je ne m'explique pas. Mais comme la mer devrait être calme, j'accepte finalement avec joie sa proposition.

Le lendemain, nous voilà en route ! Il est possible de voir des raies tout comme il est possible qu'elles ne viennent pas ce jour-là. Espérons que nous ayons de la chance ! La mer n'est pas aussi lisse que je l'aurais souhaité. Des clapotis viennent rider la surface de l'eau, mais cela reste, somme toute, raisonnable. Après une heure de voyage, le bateau ralentit puis s'immobilise. Les dernières instructions sont données aux plongeurs puis la palanquée saute à l'eau et se regroupe à moins douze mètres. Ce n'est pas profond, mais il y a un peu de courant. Quand le capitaine du bateau et son acolyte m'y autorisent, je m'élance à mon tour dans l'eau. Je nage tranquillement vers les plongeurs jusqu'à me trouver juste au-dessus d'eux.

Il n'y a pas grand-chose à voir. Seulement un gros rocher de plusieurs mètres de hauteur et un banc de poissons noirs non loin. C'est tout. Si les raies ne montrent pas le bout de leur nez, cela risque de devenir vite monotone. Les minutes passent. Toujours rien. Quand soudain, surgies du fond des eaux, elles arrivent ! Une, deux, trois, quatre raies nagent majestueusement vers nous. Elles dansent et nous entourent dans une magnifique ronde, virevoltent, plongent, remontent plus près de la surface. L'une d'elle se positionne entre moi et les plongeurs. Elle est tout près, environ deux à trois mètres en dessous de moi. J'ai l'impression que je peux presque la toucher ! Elle se met à nager et je nage avec elle, juste au-dessus. C'est un moment d'éternité d'une grâce absolue. Puis elle pique en direction des plongeurs avant de continuer son chemin.

Les plongeurs lancent leurs bouées pour signifier leur position au bateau. Je suis encore sous le charme du magnifique spectacle qu'il m'a été donné de voir, tout en ayant des sensations de piqûres sur tout le corps. Une fois remontée sur le bateau, le capitaine et son acolyte me disent qu'ils m'ont surveillée de leur bateau, ce que je trouve rassurant. Quant aux picotements, ils peuvent être dus à des mini méduses. Il suffit que je me rince à l'eau claire. Je n'ai en effet ni rougeur ni morsure.

Un des moniteurs, tandis qu'il m'installe un matelas pour que je puisse m'allonger et me reposer, me dit :

— *You lucky girl! I saw you and the Manta ray was very close to you* [11]!

Oh oui, je me sens très chanceuse ! Chanceuse et complètement KO. Est-ce le fait d'avoir, sans véritablement m'en rendre compte, lutté contre le courant pour rester toujours au-dessus des plon-

11. « Petite chanceuse ! Je te regardais et la raie Manta était vraiment proche de toi ! »

geurs ou l'émotion du spectacle grandiose que je viens de vivre ? Je ne saurais le dire, mais j'apprécie beaucoup l'attention que le moniteur a en me proposant un matelas et m'y allonge volontiers.

Nous ramenons deux plongeurs sur l'île et repartons vers un autre spot de plongée. Cette fois, je ne peux pas faire du *snorkeling* au même endroit que les plongeurs, le courant étant trop important. Mais lorsque je dis que j'adorerais voir des tortues, le capitaine m'amène sur un lieu où on peut en rencontrer et son acolyte se propose de me guider pour maximiser mes chances d'en croiser. Nous sautons joyeusement tous les deux dans l'eau et nous mettons à leur recherche. Après cinq minutes à scruter les eaux, elles sont maintenant là, à moins d'un mètre de nous. Nous nageons alors avec deux grosses tortues. Elles remontent de temps à autre à la surface pour respirer puis replongent. Je suis tellement contente de cette rencontre !

Nous remontons sur le bateau, et cette fois, on me dépose seule sur « *the big spot of snorkeling* », c'est-à-dire le lieu idéal pour la plongée en masque et tuba. Je vois le bateau s'éloigner, ce qui ne me rassure pas vraiment. Mais une fois la tête sous l'eau, le spectacle est tellement époustouflant que j'oublie tout. Sous mes yeux, des milliers de poissons. Il y en a tellement que je n'ose même plus bouger. À au moins vingt mètres de profondeur, je vois une famille de six ou sept raies aigles. Autour de moi, des bancs de poissons tranquilles nagent à la queue leu leu. Il y en a de toutes les formes et de toutes les couleurs. Ce sont de véritables autoroutes de poissons qui se croisent et s'entrecroisent. C'est absolument incroyable! Je ne sais plus où donner de la tête quand, tout à coup, mon regard est attiré par un poisson qui m'a toujours fascinée et que je rêvais de croiser : le requin ! À cinq mètres de moi, nageant élégamment, un requin de récif. Je sais qu'il n'est pas dangereux pour l'homme et je le regarde évoluer, complètement envoûtée. Si bien que je ne vois pas l'ombre de l'embarcation qui s'approche, ni n'entends les voix qui m'appellent. Il me faut déjà remonter sur le bateau. Les plongeurs ont lancé leurs bouées et attendent d'être récupérés. Je sors de l'eau à regret, mais tellement comblée par ce que j'ai vu que je ne regrette pas un instant de n'avoir pu plonger. J'ai observé mille choses en restant à la surface, sans mettre en danger la vie de mon bébé. La journée se termine sur la plage de sable fin, à nous reposer jusqu'à admirer les derniers rayons de soleil plongeant dans l'eau.

La fin des vacances approche et nous profitons de nos dernières heures sur l'île. Malgré l'anti-moustique, je remarque m'être fait régulièrement piquer, particulièrement sous les arbres de la plage. Ces satanées bestioles me donnent de gros boutons rouges qui grattent très fort.

— Heureusement qu'il n'y a pas Zika ici, dis-je à Maxime. Sinon, je serais vraiment très anxieuse!

Le choix de nos destinations s'est en effet porté sur des pays où il n'y avait pas de danger Zika. J'ai, pour ce faire, consulté le site de l'institut Pasteur et je me suis également assurée auprès de mon médecin que nous pouvions partir là-bas. On n'est jamais trop prudent.

Ces vacances, négociées à l'arraché avec nos employeurs, nous ont fait beaucoup de bien. Et c'est reposés et sereins que nous rentrons à Paris et abordons le mois d'avril.

Troisième voyage

Cela fait plusieurs mois que je ne les ai pas vues et je me réjouis de ce dîner entre anciennes collègues devenues des amies. Nous nous retrouvons dans le IXe arrondissement. Quelle n'est pas ma surprise en constatant que le restaurant se trouve dans une rue dans laquelle j'ai habité il y a huit ans ! Paris est décidément tout petit.

C'est une vraie joie de les revoir. J'arrive la première et devine leurs pas dans les escaliers qui descendent jusqu'à la petite salle voûtée de pierres. L'une, sur des talons de sept centimètres, toujours un peu en retard et toujours très lookée, est un mélange de naturel et de sophistication. L'autre en ballerines, montée sur des ressorts, a une énergie folle. Au courant de mes deux premières fausses couches, je n'hésite pas à leur parler de cette troisième grossesse. Surtout lorsque Pauline souhaite nous offrir une coupe de champagne. Cela évite de devoir décliner poliment en inventant une excuse qui ne tiendrait de toute manière pas la route. À mon annonce, Pauline s'exclame alors avec tout le naturel que je lui connais et qui me fait tant sourire :

— Mais c'est incroyable ! Vous êtes un couple vraiment très fertile !

Je n'y avais pas vraiment songé en ces termes, mais il est vrai que je tombe facilement enceinte. C'est ma troisième grossesse en moins d'un an.

— Félicitations, c'est fantastique ! renchérit Arielle.

— Merci beaucoup. J'espère que ce bébé va tenir cette fois. Je vous avoue que je suis un peu anxieuse car je me suis rendu compte, juste avant de vous rejoindre, que j'avais à nouveau quelques saignements. Et je n'en avais plus depuis quelques semaines maintenant. Nous verrons bien, mais je ne suis pas tranquille.

Elles n'essaient pas de me rassurer, car toutes deux mères de plusieurs enfants, elles savent bien qu'on ne sait pas et que les paroles sont souvent vaines. Elles me demandent simplement de les tenir au courant. Pendant quelques heures, j'oublie mes inquiétudes. Nous rattrapons le temps perdu, les questions fusent, les nouvelles affluent ponctuées d'éclats de rire. Que l'amitié est douce ! Avant de nous quitter, je retourne aux toilettes et mes craintes se ravivent. Toujours ces satanées pertes marron.

Alors que je reprends le métro – continuellement bondé sur cette ligne, quelle que soit l'heure à laquelle on la prend – un couple s'installe en face de moi. Ils reviennent d'un cours de danse. Elle est enceinte de plusieurs mois, suffisamment pour que cela se voie, et exprime à son compagnon ce qu'elle ressent physiquement :

— Ça me tire ici et ici.

Elle joint le geste à la parole. Lui, l'écoute très attentivement, complètement sous le charme de cet enfant à venir. Et je me dis à nouveau : « *Décidément, la tartine beurrée tombe toujours du mauvais côté ! Combien y avait-il de chances que dans un métro de plusieurs dizaines de mètres, s'assoit juste en face de moi un couple dont la femme est enceinte ! Alors même qu'à nouveau j'ai des craintes sur la bonne évolution de mon bébé. Je devrais jouer plus souvent au Loto.* »

De retour à la maison, nous échangeons avec mon mari sur nos journées et je le préviens de l'apparition de ces saignements. Puis nous nous endormons.

Quelques heures de sommeil avant l'une des matinées les plus éprouvantes que nous ayons vécue.

5 h 40. Je dois aller aux toilettes. À moitié endormie, je suis immédiatement tout à fait éveillée lorsque je vois du sang sur le papier toilette.

— Oh non ! dis-je dans un souffle.

Maxime se réveille instantanément alors même que mes mots sont restés à l'état de murmure.

— Qu'est-ce qui se passe ?

— J'ai des saignements plus forts qu'hier.

Je me recouche. Nous parlons de ce que nous allons faire. Pas de larmes. Crainte et déception. Soit nous allons ce matin aux urgences, soit ce soir. Nous optons pour le « tout de suite ». Nous nous levons, nous habillons avec les premières affaires que nous trouvons dans le placard et marchons d'un pas rapide vers les urgences. L'un comme l'autre sommes fébriles.

— Ça arrive, jour pour jour, au même moment que les fois précédentes, calcule Maxime.

Je ne sais pas quoi dire. Mon cerveau n'est pas en état de calculer. Je ne réponds rien. Il poursuit alors, fataliste :

— Même cause, même conséquence.

Pendant les quinze minutes de marche qui nous

séparent de l'hôpital, nous nous préparons au pire. Une fois encore.

Nous sommes sur les lieux, maintenant bien connus, des urgences. Premier étage à droite en sortant de l'ascenseur. J'espère simplement ne pas croiser deux collègues dont l'accouchement est imminent et qui sont inscrites dans cet hôpital. J'ai l'impression d'être un agent secret à scruter les corridors avant de m'y engager. Le couloir est heureusement vide, seulement encombré de grandes poubelles remplies de draps qu'un employé sort d'une pièce. Deux personnes à l'accueil. Elles retrouvent facilement mon dossier papier. Il faut dire qu'il ne date pas de très longtemps. À peine rangé, déjà ressorti ! Une d'entre elles prend ma tension – excellente, à plus de 12 – ma température et me demande de faire la traditionnelle analyse d'urine. Elle ajoute :

— Les saignements ne veulent pas forcément dire que cela va mal.

Je pense : « *Je sais, ma petite dame, mais dans mon cas, j'ai fait deux fausses couches qui ont toutes commencé ainsi.* »

Puis un externe est appelé. Normalement, je suis toujours examinée par un interne. Je regarde la différence entre les deux sur mon téléphone en attendant son arrivée. L'externe est entre sa troisième et sixième année de médecine et n'a pas encore fait de choix de spécialisation tandis que l'interne, aussi en étude, est spécialisé dans un domaine. Pas très rassurant.

C'est une jeune Asiatique qui vient à notre rencontre. Elle nous fait entrer dans une salle d'examen différente de celle où nous avons l'habitude d'être reçus. Elle me pose les traditionnelles questions, se répète un peu. Il faut dire que nous sommes avec l'équipe de nuit, et à la vue de son visage, la nuit a eu l'air d'être particulièrement éprouvante. Elle m'invite à m'allonger et commence l'examen. Maxime est à côté de moi, à un mètre du siège, du côté de ma tête. Il est debout mais s'appuie sur un meuble où sont rangés des compresses et ustensiles. Son coude est enfoncé dans un des espaces de rangement, ce qui lui permet de couvrir sa bouche de sa main. Je ne l'ai jamais vu aussi tendu, lui au calme olympien.

La jeune externe m'examine. Lorsque je la vois sortir un spéculum plein de sang marron, la tension monte d'un cran. Elle ne dit rien. Seulement un :

— On passe à l'échographie.

J'ai la gorge nouée, je me mets à trembler et m'entends respirer comme un buffle. Je n'ose pas regarder Maxime, mais je perçois sa respiration plus forte et saccadée.

— Ça va aller, détendez-vous, me dit l'externe.

J'ai envie de pleurer, mais aucune larme ne sort. Je suis totalement incapable de me détendre et tremble de plus belle, à défaut de pouvoir parler.

Je la vois presser le tube de gel dont le contenu tombe sur mon ventre. Elle en dépose également sur la sonde. Elle commence par regarder une zone à droite sous la poitrine pour vérifier l'épanchement, en précisant :

— Là, je ne regarde pas le bébé.

Sous les côtes, à droite, on s'en doutait un peu. À ce moment, une interne entre. L'externe pose alors la sonde sur mon ventre et dit très vite :

— Il y a toujours un bébé et une activité cardiaque.

— C'est vrai ? disons Maxime et moi en chœur.

Maxime s'est avancé pour mieux voir l'écran. L'interne traverse alors la salle d'examen en quelques grandes enjambées, prend la sonde des mains de l'externe et les yeux rivés sur l'écran, appuie beaucoup plus fort sur mon ventre.

— Oui, regardez, il y a une activité cardiaque. Elle est bien visible, dit-elle.

Comme je ne vois rien, j'essaie de me redresser,

mais on perd l'image dès que je bouge. L'interne poursuit l'examen, mesure la taille crânio-caudale, vérifie s'il y a un décollement qui pourrait expliquer les saignements. Rien.

Cette fois-ci, ce n'est plus seulement un sac avec un embryon que l'on voit à l'écran, mais un bébé avec une tête, un nez, un dos. Il me fait penser à Casper, « le petit fantôme », car on ne distingue pas encore véritablement ses jambes. Il mesure trente-trois millimètres, ce qui est dans la norme pour huit semaines de grossesse.

— Vous pouvez vous rhabiller. Tout va bien, conclut-elle.

Maxime dit alors :

— Je me souviens de vous ! Vous êtes Camille. C'est vous qui avez fait l'échographie de vacuité à la suite de la dernière fausse couche.

J'avoue, trop absorbée par l'écran, ne pas avoir vraiment regardé qui m'auscultait. Mais à présent, je la reconnais aussi. Elle a l'air très fatiguée par sa nuit. Les cheveux en bataille, à moitié retenus par une pince, elle a toujours ce ton très direct et assertif. Elle se souvient aussi de nous et partage notre joie.

Quant à Maxime, il paraît sonné, fatigué, mais ses yeux brillent de la lueur du bonheur.

Je profite de la présence de Camille pour lui poser les questions qui me préoccupent :

— Je sais que les fausses couches sont plus fréquentes les trois premiers mois. J'ai mon rendez-vous de première échographie dans deux semaines. Vous pensez que les risques sont toujours aussi importants maintenant ?

— Je comprends que vous me posiez cette question après votre expérience de deux fausses couches. Ne vous inquiétez pas trop. Votre bébé se développe normalement. Les risques sont présents, mais il faut vivre les deux semaines qui arrivent détendue, car il n'y a aucune raison qu'il y ait un problème.

— D'accord. Merci. Est-ce que vous avez vu si ses organes étaient normaux ?

— Il faut attendre encore un peu. C'est à l'échographie du premier trimestre qu'on vous dira exactement. Là, il est encore trop tôt. C'est pour cela que cette première échographie est programmée plus tard, pour y voir mieux.

— Et les saignements ? À quoi sont-ils dus ? Faut-il que je vienne à nouveau si je me remets à saigner ?

— Je ne les explique pas vraiment. Il n'y a pas de décollement. Tout va bien et il ne faut pas vous inquiéter. Si vous saignez à nouveau, revenez à l'hôpital. C'est toujours mieux de vérifier.

Nous quittons l'hôpital soulagés. Maxime est radieux. Il a repris des couleurs. Et pour fêter cette extraordinairement bonne nouvelle, je lui offre un pain au chocolat et m'octroie une brioche au sucre.

Il est difficile de se séparer ce matin-là. Nous sommes un peu comme les amants que Brel décrit dans sa magnifique chanson « Orly ». Et puis Maxime est avalé par les escaliers du métro parisien, m'envoyant un dernier baiser de la main.

Si Maxime est rassuré, je ne le suis pas totalement. Je pense à l'échographie du premier trimestre et j'imagine sa déception s'il y avait un problème d'organes, ou si le cœur s'arrêtait ou qu'il ne grandissait plus. Ce serait une telle déception, une telle incompréhension. Absolues.

Voir ce bébé, notre bébé, m'a néanmoins donné confiance en sa capacité à vivre. Je reste pourtant avec cette pointe de crainte et de peur que j'exprime pour tenter de l'exorciser.

D-Day

Il est 11 h 45 en ce jeudi de fin avril 2018. Nous avons un rendez-vous pour réaliser l'échographie du premier trimestre. Toutes les échographies sont importantes, mais celle-ci revêt un caractère particulier. Si elle se déroule bien, on peut commencer à annoncer sa grossesse à son entourage, car les risques de fausse couche sont désormais plus limités. La plupart des femmes y vont donc avec un peu d'appréhension.

Assise à mon bureau, j'appelle la secrétaire de l'échographiste pour avoir une estimation de son retard. Ma sage-femme Joséphine m'a en effet prévenue que, si elle était une excellente professionnelle, il n'était pas rare qu'elle ait une heure de retard. La secrétaire ne répond pas vraiment à ma question et me dit simplement que deux personnes sont dans la salle d'attente. Comme il est impossible d'avoir plus de précisions, j'appelle Maxime et lui donne le « go » de départ.

Pourquoi tant de précautions ? Tout simplement parce que l'échographie du premier trimestre suppose d'avoir la vessie pleine. J'aimerais, autant que possible, éviter de me dandiner sur le fauteuil !

J'arrive quelques minutes après Maxime. Il y a bien deux personnes avant moi, dont une qui vient d'entrer dans le bureau du médecin. Dans la salle d'attente, une dame, un petit garçon prénommé Anas qui adore jouer avec la fenêtre et la faire grincer, et deux hommes. Un semble être le père de la dame, l'autre le mari.

Étonnamment, je ne suis pas trop anxieuse. Il faut dire que ma dernière échographie remonte à deux semaines seulement, après avoir eu des saignements. Le développement du bébé était normal, son cœur battait et l'interne Camille s'est montrée rassurante quant à sa bonne évolution. Pourtant, durant ces deux semaines, je me suis demandé plusieurs fois si le cœur de mon bébé battait toujours. J'étais parfois inquiète de ne plus rien ressentir le jour, alors que je me réveillais à moitié la nuit avec quelques douleurs dans le bas-ventre.

Si on nous annonce une mauvaise nouvelle, ça va être la douche froide !

Pour ne pas penser, Maxime et moi travaillons. Je sors tout un tas de papiers, remplis des tableaux Excel, rédige des mails.

La porte s'ouvre. Le médecin appelle la dame et surprise, c'est le supposé père qui l'accompagne dans la salle d'examen. Le mari reste assis, si tant est que ce soit le mari. Cela me paraît très étrange. Je me vois mal être accompagnée par mon père à ce genre de rendez-vous. J'imagine la scène, cela me fait sourire et m'aide à passer le temps.

C'est la première fois que je vois cette échographiste. C'est une femme d'une cinquantaine d'années, mince, grande, blonde aux cheveux courts avec quelques boucles. Elle a l'air gentille. Elle m'a été recommandée par Joséphine, alors je suis sûre que c'est quelqu'un de professionnel et d'humain. Elle nous invite à nous asseoir et me pose quelques questions. Je lui montre l'échographie datant de deux semaines. Elle prend des notes dans mon dossier.

— Vous avez dû avoir sacrément peur quand vous vous êtes mise à saigner !

— Oui, on a cru que ça recommençait.

Puis elle me demande de m'allonger sur le fauteuil médical. Elle indique à Maxime un tabouret placé au bout de mes jambes. Il voit l'écran de l'échographe. Moi, celui qui est accroché au mur. Je n'ai pas le temps de respirer ni de me poser de questions que la sonde est déjà sur mon ventre, tout à gauche.

— Il est là, nous dit-elle.

Nous revoyons alors, fascinés, sa tête, son corps, ses petits bras. Il a l'air de sacrément remuer, car l'échographiste bouge la sonde dans tous les sens sur mon ventre en faisant des arrêts sur image. Elle regarde le cœur que je n'arrive jamais vraiment à voir battre, nous le fait entendre en précisant qu'il bat deux fois plus vite que le nôtre. Puis passe en revue chaque partie du bébé.

— Je le découpe comme un saucisson pour voir si tout va bien.

Je trouve la phrase un peu surprenante, mais elle a le mérite d'être expressive. Voici alors ses deux bras, à travers lesquels on aperçoit les os, ses petites mains, ses jambes dont l'une est repliée. Elle mesure la taille du fémur, nous montre l'estomac, la vessie. Honnêtement, comme je n'ai aucune idée de leur forme, j'ai du mal à me dire *« Ah, mais oui, c'est bien l'estomac que l'on voit! »*

Maxime est tout content et pose des questions, mais je finis par lui souffler d'attendre la fin de l'examen avant d'interrompre le médecin. J'ai lu qu'il fallait absolument que l'échographiste puisse se concentrer. Je sais, je joue les rabat-joie. Elle sourit et est décontractée. Il faut dire qu'elle a l'air d'avoir du métier derrière elle.

Ce qui m'impressionne le plus, c'est le cerveau! On voit déjà les deux hémisphères. Elle mesure la taille crânio-caudale. À la fin de l'examen, elle nous annonce que notre bébé mesure quasiment six centimètres, en accord avec la date supposée de grossesse. Il a doublé de volume en deux semaines. Je suis vraiment scotchée. Il y a déjà tous les organes dans seulement six centimètres! Elle vérifie qu'il n'y ait pas de décollement et regarde aussi la clarté nucale, qu'elle trouve bien. Elle me demande si je souhaite réaliser le test de la trisomie. Je confirme.

— Tout est parfait, vous pouvez respirer! conclut-elle.

Ah, les mots bénis! Je rêvais de les entendre! Qu'ils sont doux à mon oreille!

Puis elle continue en disant :

— Maintenant, je m'occupe de vous! Il n'y a pas de raison qu'on ne s'occupe que du bébé, ajoute-t-elle. Elle m'examine alors, vérifie entre autres qu'il n'y ait pas d'épanchement liquidien dans « le cul-de-sac de Douglas et les gouttières pariéto-coliques ». Expression tout à fait incompréhensible pour la néophyte que je suis!

L'examen est terminé. Tandis que je me rhabille, Maxime file à sa réunion et elle me donne les papiers à remplir concernant le test de la trisomie. Je lui pose mes dernières questions, règle et pars le cœur léger après être allée aux toilettes – enfin !

Sur le chemin du retour, j'essaie de trouver un rendez-vous avec un médecin pour qu'il remplisse la partie « prescripteur » du test de la trisomie. Car, évidemment, ma sage-femme et mon médecin généraliste sont en vacances ! Je fixe donc un rendez-vous avec le docteur que je vois habituellement lorsque personne n'est disponible, le même qui m'avait diagnostiqué une névralgie cervico-brachiale.

Il est très bien mais un peu extrême à mon goût sur les règles de la grossesse, comme en témoigne notre échange :

— Vous oubliez la salade du marché et toutes les crudités durant les sept mois qui arrivent, d'accord ?

— Mais… je ne vais pas tout cuire ! Si je les lave soigneusement, il n'y a pas de danger, non ? Pour être transparente avec vous, je continue d'en manger. Je ne me vois pas m'en priver pendant autant de temps.

— Mmmh. Bien, mais uniquement si c'est vous qui les lavez.

Je demande alors :

— Concernant la prise de sang pour les marqueurs sériques, si je la fais tout de suite, j'aurai les résultats demain ? Car je vais dans ma belle-famille après-demain.

— Je crains que cela prenne plus de temps. Il faut compter une semaine environ. Mais je n'annoncerais pas votre grossesse à votre belle-famille ce week-end si j'étais vous. Il faut attendre les résultats de la trisomie. On ne sait jamais.

Je ne réponds rien. Mais d'une part, il me semble difficile de leur cacher. D'autre part, je ne suis pas d'accord avec le médecin. Si les choses tournent mal, je trouve important que quelques personnes, famille ou amis, soient au courant. Traverser des moments tragiques et les porter seule, je ne suis pas certaine que l'option me soit adaptée. Le soutien que l'on peut trouver auprès de ses pairs quand tout va mal est inestimable.

Stupeur et panique à bord !

Une semaine plus tard, le docteur m'appelle pour m'annoncer la bonne nouvelle : à la vue des résultats sanguins confrontés à la clarté nucale visible à l'échographie, je ne suis pas dans un groupe à risques concernant la trisomie.

— Vous pouvez annoncer votre grossesse à votre entourage ! affirme le médecin, tout joyeux.

Je le remercie et raccroche en souriant. Voilà bien longtemps que nos proches sont au courant.

Néanmoins, contrairement à d'autres femmes, je reste très discrète sur cette grossesse et n'en fais part qu'avec parcimonie. Sagesse ou expérience ? Un mélange des deux, je pense. Même si pour le moment, tout se déroule parfaitement, j'ai encore du mal à réaliser que je suis enceinte et que tout va bien. Je sais aussi que tout peut basculer et cela me fait peur. L'annoncer, c'est m'exposer. J'ai la sensation que le bateau est à flot et que je prends le risque de le faire chavirer en parlant de ma grossesse au tout-venant. Il y a un côté « superstition » dans ma retenue, comme si le charme pouvait se rompre à l'expression des simples phrases « j'attends un enfant » ou « je suis enceinte ».

En parallèle de ce ressenti, il y a un autre sentiment plus diffus. Au-delà de la peur de perdre mon bébé, il y a, de manière un peu puérile j'en conviens, le fait que c'est mon secret. Il m'appartient comme un trésor. Je le protège des autres, le rend indécelable. Moi seule sais et je n'ai aucune envie de le partager, de le dévoiler. Il viendra bien assez vite, le temps où mon ventre s'arrondira, où mon corps parlera de lui-même. Je me sens Sphinx, gardienne de mon secret. Je le divulguerai quand bon me semblera, à qui bon me semblera. C'est mon seul luxe à dire vrai et j'ai envie d'en jouir encore un peu.

La bonne évolution de ma grossesse s'accompagne aussi d'envies alimentaires incontrôlables et surprenantes. Je vous vois déjà penser aux fraises et à toutes sortes de fringales. Vous n'y êtes pas du tout. Du jour au lendemain, je suis attirée par tout ce qui est vert. Je fais des consommations excessives de salades, haricots verts, petits pois, courgettes, épinards que j'engloutis goulûment sans autre forme de procès. Suis-je en train de me transformer en gastéropode ? Un repas sans couleur verte n'est plus concevable.

Exit le thé et le café. La seule chose que je suis capable de boire le matin, et cela durant plusieurs mois, c'est un peu de jus de fruit. Enfin, le plus marquant, c'est qu'il m'est désormais impossible de manger du chocolat ! Adieu le carré trempé dans le thé ou café après le déjeuner. L'alcool, de toute manière interdit pendant la grossesse, ne me manque pas non plus. En définitive, je suis, sans contrainte aucune, un parfait régime sain que bon nombre d'hommes et de femmes souhaitant perdre du poids envieraient. Dans un sens, j'ai l'impression de ne plus être vraiment maître à bord. Tout se passe comme si les besoins du bébé dictaient mon nouveau régime alimentaire. Je me rends en effet compte a posteriori que certains légumes verts dont je fais grande consommation sont très riches en acide folique, vitamine particulièrement importante dans le développement du système nerveux du bébé, notamment au premier trimestre de grossesse. Mes envies alimentaires évolueront tout au long de ma grossesse et me mèneront à réintroduire le thé et le chocolat dans des proportions très raisonnables.

Certaines odeurs deviennent également vite insupportables, notamment celles de la cantine du travail, mélange quotidien de viande, poisson, frites et légumes cuits. J'ai toujours été très sensible aux odeurs et il est vrai que ma grossesse exacerbe cette sensibilité. Enfin, l'odeur de la viande non cuite me donne carrément des haut-le-cœur. Maxime se sert d'ailleurs de cette nouvelle compétence pour vérifier si des morceaux, restés quelques jours dans le frigo, sont encore frais. J'approche mon nez et la réponse est immédiate !

Malgré des nausées régulières, je suis rarement malade et j'en suis très surprise. Des respirations lentes, profondes, m'aident généralement beaucoup. Il y a tout de même une fois où cela n'a pas été suffisant. Évidemment, cela est arrivé dans un lieu confiné, sans possibilité d'ouverture immédiate, bondé de personnes : le tram !

J'étais assise et nous étions presque arrivés à destination quand je me suis sentie très mal. Mise en route immédiate d'une respiration contrôlée, une main en peau à peau sur mon ventre, l'autre sur ma poitrine, gestes d'auto-contact rassurants. Tête basculée en arrière, j'entraperçois les noms des arrêts. Plus que trois, deux, un. Je m'encourage : « *Allez, tiens bon, on y est presque.* » Puis arrive la destination finale. Je me lève tant bien que mal, et là, c'est l'embouteillage. Les gens mettent évidemment un temps fou à sortir. Je m'entends dire : « Dépêchez-vous, dépêchez-vous » et commence à jouer des coudes. L'air libre, enfin, un arbre et puis... trop tard ! Cheveux au vent, filet de salive sur une partie de la joue, pas de mouchoir disponible immédiatement, et bien sûr, personne ne s'arrête pour me donner un coup de main. Je fais trois pas et ça recommence !

Lorsque je raconte l'anecdote à Maxime le soir, ce dernier est ravi :

— Mais c'est fantastique ! me dit-il avec des yeux brillants. Cela veut dire que le bébé évolue bien !

Il faut dire que je pensais être beaucoup plus fréquemment malade. J'ai toujours été très sensible dans les transports et je pense avoir été souffrante dans tous les types existants : voiture, bus, train, bateau, avion. Classique. Sur terre, sur mer, dans les airs. Mais là où cela devient atypique, c'est que j'arrive à être malade en parapente ou à moins cinq mètres sous l'eau, en plongée ! Tout ceci avec une maîtrise de moi-même et un calme olympien. Si bien que les nausées de grossesse ne m'impressionnent guère.

Ma grossesse se déroule bien et je commence à prendre confiance, peu à peu, en la vie de ce bébé. Jusqu'à ce dimanche soir de fin avril.

Nous sommes en Bourgogne chez mes beaux-parents. Maxime part régulièrement en déplacement et j'ai pris l'habitude de vérifier le risque Zika des destinations dans lesquelles il se rend. Alors que nous nous apprêtons à nous coucher, je tape les lettres du pays sur le site internet de l'institut Pasteur. Pas de risque pour la première destination ni pour la deuxième. Quand soudain, mon regard est attiré par un pays. Un pays qui n'était pas dans la liste il y a deux mois et qui y figure aujourd'hui. Mon sang ne fait qu'un tour. De position allongée, je me retrouve assise, les draps sens dessus dessous. Ma respiration s'accélère. Pas possible. Pas ça. S'il vous plaît, pas ça ! Je clique pour avoir plus d'informations. Je remplis les champs « pays visité au cours des neuf derniers mois », « vous êtes une femme », « vous êtes enceinte ». Et le texte s'affiche, implacable : « *Consulter un médecin pour réaliser un examen sérologique à la recherche d'anticorps Zika ainsi qu'une échographie. Évitez, pendant toute la durée de la grossesse, tout rapport sexuel non protégé avec un homme infecté ou ayant pu être infecté par le virus Zika* [12]. » Les Maldives. Des cas sporadiques d'infection par le virus Zika ont été signalés. Le risque est faible, mais il existe ! Et je me suis fait piquer à plusieurs reprises, sur les bras, sur les jambes. Des gros boutons rouges bien délimités qui grattent. Assise sur ma serviette de bain, à l'ombre des arbres de la plage de sable fin, je me souviens parfaitement avoir dit à Maxime : « *Je me suis encore fait piquer par un moustique. Heureusement qu'il n'y a pas Zika ici, sinon je serais très anxieuse !* »

Un mois après notre retour, je suis maintenant totalement paniquée ! Zika est en effet responsable de malformations sévères du fœtus. Je préviens immédiatement Maxime qui se connecte sur la même page internet pour en savoir plus. Nous épluchons le site de l'Institut Pasteur. Nous connaissons la démarche à suivre, mais pour la réaliser, il faut attendre le lendemain. Il ne nous reste plus qu'à nous coucher et à essayer de dormir.

Sans surprise, la nuit est agitée. Impossible pour moi de trouver le sommeil. Tel un leitmotiv, je pense : « *Avec la chance que j'ai, j'ai peut-être attrapé Zika alors même que mon bébé évolue bien. C'est*

12 Institut Pasteur. *Santé/Evaluez votre risque Zika*, [en ligne]. https://www.pasteur-lille.fr/zika/

tellement injuste! » Autant de pensées stériles, qui n'avancent à rien sinon à faire monter d'un cran l'angoisse et à ne pas dormir de la nuit.

Je patiente jusqu'à être dans le train à destination de Paris le lendemain au petit matin pour écrire à Joséphine. Je réfrène mon envie d'envoyer mon sms tout de suite et j'attends une heure décente pour lui faire parvenir, à savoir 7 h 01. Entre nous, c'est quand même très tôt pour contacter quelqu'un. Je reçois sa réponse plusieurs heures après. Elle ne semble pas du tout inquiète car je n'ai eu aucun des symptômes, comme par exemple de la fièvre.

Je dois avouer que sa réponse ne me convient pas. Je souhaite à tout prix faire une prise de sang et vérifier. Et comme notre retour date d'il y a exactement un mois, inutile d'attendre plus longtemps pour faire l'examen. J'obtiens les ordonnances lors d'un de nos rendez-vous de suivi mensuels et Maxime et moi faisons cette prise de sang. L'analyse est faite à Lyon et les résultats ne sont pas immédiatement disponibles. Il nous reste donc, pour ne pas changer, à attendre!

Apprendre à attendre: voilà l'un des enseignements fondamentaux d'une grossesse. Attendre le plus calmement et sereinement possible, sachant que l'on ne peut de toute manière rien changer. Cela signifie savoir dire « stop » au flot de pensées, ne pas se projeter dans des scenarii qui, pour l'heure, n'ont pas lieu d'exister. Nous aurons tout le loisir de nous alarmer lorsqu'il y aura factuellement matière à être inquiets. Inutile de ressentir cet état avant l'heure.

L'heure, la minute, la seconde, la voilà justement arrivée.

Contrairement au résultat du test de la trisomie qui est délivré par le médecin prescripteur, les résultats concernant Zika sont directement accessibles au patient. Il suffit de cliquer sur un lien et d'entrer son mot de passe.

Je suis dans les transports, le soir, quand j'ouvre, sans hésitation aucune, seulement le cœur battant, les résultats. Mon écran de téléphone n'est pas bien grand. La première page est un rappel de l'examen passé, avec en commentaire « Veuillez trouver les résultats ci-joints ». Ça me fait une belle jambe ! Je passe à la deuxième page : c'est un scan de l'ordonnance de Joséphine. Le laboratoire a décidément l'art du suspense ! Je file jusqu'à la troisième et dernière page des résultats. Il y a des chiffres, des valeurs de référence et une conclusion qui sonne comme les cloches de la victoire « sérologie négative ». Je pousse un ouf de soulagement et transmets mes résultats à mon médecin généraliste, qui me confirme peu de temps après que tout va bien. Même son du côté de Maxime !

Marée montante, marée descendante

Aujourd'hui, fin mai 2018, j'ai rendez-vous avec le Dr Elisabeth à l'hôpital pour une première consultation.

Je m'y rends seule. Il est 8 h 30 du matin. Si Maxime est rassuré depuis notre dernière visite des urgences et la première échographie, je ne le suis pas tout à fait pour ma part. La vérité est que j'ai toujours peur de perdre mon bébé. Et si le cœur s'était arrêté ? Et s'il ne se développait plus ? Et s'il ne vivait plus ? Tandis que je marche dans la rue jusqu'au lieu de rendez-vous, ces questions, que je me pose quotidiennement, défilent maintenant sans discontinuer dans ma tête. On a tous en mémoire les images de Wall Street montrant les résultats de la Bourse. Eh bien, c'est le même ballet infernal dans mon cerveau. Vous devez sourire à la lecture de ces lignes, alors que quelques pages plus haut, je parle de l'importance de calmer le flot de pensées. Plus facile à dire qu'à faire : « *Paris ne s'est pas bâti en un jour !* »

J'arrive à l'accueil et je prends un ticket en attendant patiemment mon tour. Les dames qui s'occupent d'ouvrir nos dossiers administratifs sont passablement aimables. Je remplis docilement les documents, puis me dirige vers un couloir où l'on me prend en charge pour une analyse d'urine et pesée mensuelle. D'autres femmes attendent leur tour. Elles sont plus ou moins avancées dans leur grossesse. Certaines ont l'air fatigué. Je les regarde. Et je pense : « *Avec leurs gros ventres, elles au moins, sont sûres que leur bébé est bien là.* » Je les envie, quelque part. Mon ventre est plat et je ressens une incertitude permanente concernant la vie de ce bébé.

Je patiente désormais dans un nouveau couloir avant de rencontrer le médecin. La porte ne tarde pas à s'ouvrir et laisse découvrir une jeune femme souriante et agréable. Elle ouvre mon dossier et me pose un certain nombre de questions. Je lui fais part de mon suivi médical et lorsque j'en arrive à mes fausses couches, ma voix s'étrangle un peu. Je partage avec elle mes craintes quant à cette nouvelle grossesse, ce qui est une parfaite transition pour passer à l'auscultation.

Alors que je m'installe, mon cœur se met à battre à deux cent à l'heure et ma respiration s'accélère. Elle commence par regarder le col. Tout va bien. La poitrine aussi. Puis elle prend une sorte d'ustensile que je n'ai jamais vu auparavant. On dirait un manche rond de brosse à cheveux ou celui d'un micro, ponctué par des petits carrés qui ressemblent à des capteurs. Elle y dépose un gel et le pose sur mon ventre. Et surprise ! On entend un battement. Oh, la douce musique ! Oh, le joli rythme ! Qu'il est doux, ce son, lorsqu'on a peur que tout s'arrête brutalement. Le docteur laisse longtemps le micro sur mon ventre pour me rassurer. J'ai l'impression que la musique de son cœur remplit la salle entière de ses battements. Et qu'ils rebondissent d'un mur à l'autre dans une joyeuse symphonie. La salle entière résonne maintenant de cette délicieuse mélodie. C'est un véritable concert. Je ferme les yeux et des larmes perlent à mes paupières. Je suis très émue. Il n'y a pas d'image, mais ces battements sont à même de rassurer une maman inquiète pour son bébé. Je me laisse envahir par cette sensation de bien-être et m'en imprègne totalement, durablement. Je pourrais rester des heures à écouter le cœur de mon bébé, mais le docteur finit par ranger son « micro bonheur » — quelle formidable invention !

Elle me dit alors, d'une voix très douce, qu'il ne faut pas trop que je m'inquiète. Mes deux fausses couches sont derrière moi. Elles appartiennent au passé. Je peux aborder le second trimestre sereinement. J'opine de la tête. J'ai tellement envie de la croire.

Lorsque je regarde le dossier médical une fois rempli, je lis *« stress dû aux précédentes fausses couches »*. Cela ne m'étonne guère. Ces mots ont en effet toute leur place et leur sens dans mon dossier. Mais qui ne serait pas anxieuse après avoir vécu les mêmes expériences ? Aujourd'hui, je me sens apaisée par les mots du docteur. Mais pour combien de jours ? Même si mon bébé va bien maintenant, qu'en sera-t-il demain ou après-demain ? Je sens qu'il va me falloir du temps pour apprivoiser mon appréhension et tout simplement avoir confiance en sa capacité à vivre.

L'attente entre deux examens n'est en effet pas chose facile. Après quelques jours dans une parfaite sérénité, les fameuses questions reviennent doucement. Ce va-et-vient entre quiétude et doute me fait penser à la marée. Vous sortez d'un examen qui s'est bien passé et vos incertitudes sont loin. La marée est basse, il faut marcher longtemps sur le sable jusqu'à l'eau. Puis, jour après jour, elles s'immiscent à nouveau insidieusement. L'eau monte. Les vagues, les unes après les autres, gagnent du terrain. Les questions reviennent. Sans aller jusqu'à vous submerger ni vous hanter, elles sont juste présentes. Désagréables. Vous culpabilisez. Et vous attendez impatiemment le prochain examen qui permettra de passer de marée haute à marée basse et de vous apaiser quelque temps.

Le fait d'avoir séjourné dans un pays à risque Zika me contraint ou me fait bénéficier, question de point de vue, d'un suivi particulier. Je dois faire des sérologies Zika tous les deux mois et une échographie tous les mois. Ma première réaction est celle d'un refus d'une grossesse trop médicalisée. Puis j'en vois tous les avantages. J'ai clairement besoin d'être rassurée, et voir mon bébé tous les mois lors d'une échographie participe à cet objectif. Tout est pour le mieux.

J'évoquais à l'instant la culpabilité de ressentir régulièrement ces incertitudes. L'apaisement, vous le trouvez dans votre suivi médical lorsqu'il se passe bien, mais comme il n'est pas quotidien, vous le cherchez aussi auprès des autres, que ce soit des professionnels de santé ou de vos connaissances.

Si vous confiez vos doutes à quelqu'un, attention à bien choisir la personne. Je me suis en effet entendu répondre :

— Arrête de penser à ça, tu vas t'attirer le mauvais œil !

Alors là, c'est le jackpot ! Non seulement, vous vous en voulez de douter et en plus, vous avez carrément l'impression de mettre en danger votre bébé. Vous cherchiez du réconfort, vous obtenez le contraire. Or, contrôler ses pensées ne se fait pas du jour au lendemain. Surtout quand on n'est pas maître yogi et que l'art de la méditation vous semble être au sommet de l'Himalaya !

Choisissez une personne, de préférence qui a déjà eu un enfant, car fausse couche ou pas, nous nous sommes toutes posé au moins une fois des questions sur la bonne évolution de notre bébé. Une personne qui soit dans une écoute bienveillante et qui va vous rassurer, et non vous culpabiliser. Car, à douter régulièrement, vous finissez par vous demander si vous êtes normale. Et vous vous en voulez. Pour ma part, j'ai appelé ma mère qui, comme beaucoup d'autres femmes, a fait plusieurs fausses couches. Quel bienfait de l'entendre dire que c'est normal, et qu'il est permis de douter, qu'il n'y a rien d'inquiétant à cela.

— Toi aussi, tu doutais régulièrement, maman ?

Tu te demandais, même après trois mois, si tout allait bien ?

— Mais oui. Comme tu ne sens rien, tu te poses des questions. Et forcément, avec ce que tu as vécu, tu t'en poses peut-être plus que les autres femmes. Il ne faut pas t'en vouloir, c'est normal.

Puis elle ajoute :

— Bientôt, tu t'en poseras beaucoup moins.

— Ah bon ? Pourquoi ? J'ai passé le cap des fameux trois mois et je m'en pose toujours autant.

— Parce que bientôt, tu sentiras ton bébé bouger. Du coup, tu sauras que tout va bien. Quotidiennement.

Je raccroche en me sentant beaucoup plus légère. Je suis normale, et pas à moitié paranoïaque. Je ne mets pas en danger mon bébé en me posant des questions. Et bientôt, je ferai reculer la marée moi-même sans avoir besoin d'une consultation médicale. Grâce à mon bébé.

Il va falloir que je patiente un peu, car c'est apparemment seulement à partir du quatrième mois qu'on commence à le sentir bouger, notamment lorsqu'il s'agit d'une première grossesse. Les femmes ayant déjà eu des enfants ressentent, pour la plupart, plus vite les mouvements de leur enfant.

Cette pensée me réjouit. Même s'il me faut patienter encore quelques semaines.

De bulles à tambour

Le bébé bouge bien avant qu'on ne le sente. Dès la septième semaine de grossesse. Et pourtant, ce n'est généralement qu'à partir du quatrième mois qu'on commence à le sentir.

Très à l'écoute, j'attendais ce moment avec impatience. Et ce moment est venu !

3 h 28 du matin. Je me réveille. Et je sens nettement des bulles dans mon ventre. Des bulles légères comme celles du savon, aériennes et en même temps, bien présentes. La sensation est incroyable, unique : c'est le bébé ! Ça y est, je le sens bouger. C'est ma première rencontre avec lui. Comme c'est agréable ! Je suis complètement réveillée à présent, attentive à tout ce que je peux ressentir. Allongée sur le dos, j'ai le sourire aux lèvres, une main sur mon ventre.

Une autre image me vient à l'esprit pour décrire cette sensation. Elle parlera surtout aux plongeurs. C'est comme si vous étiez sous l'eau, à plusieurs mètres de profondeur. L'eau est claire et belle. Vous êtes entouré de votre palanquée et vous voyez, à chacune de leurs respirations, les jolies petites bulles au-dessus de leurs têtes qui montent vers la surface. Eh bien, imaginez que ces bulles sont dans votre ventre.

Mon mari dort à poings fermés. Dans mon enthousiasme, je m'apprête à le réveiller pour partager la nouvelle. Puis j'hésite un instant, et finalement me ravise. Il risque fort, à moitié réveillé, de me dire : *« C'est bien, c'est super ! »*, puis de se rendormir instantanément. Non, je sens que ce moment privilégié est à vivre en tête-à-tête avec mon bébé. Bientôt, cela s'arrête. Après la pétillance des bulles, tout redevient calme, plat et lisse. Moment fugace, mais moment de grâce !

Les prochaines nuits seront ponctuées par un réveil aux alentours de 3 h du matin et la sensation que quelque chose s'anime dans mon ventre : les bulles sont de retour ! Un large sourire se dessine alors sur mes lèvres et je me rendors paisiblement, assurée que tout est pour le mieux dans le meilleur des ventres.

Je comprends maintenant pleinement la chanson « Bubble Lady » de Camille : « *Who will be our bubbly baby? Bubbling bubbles in my belly*[13] ».

La journée, je ne sens rien de particulier. Mais le temps passant, quand vient le soir, je prends l'habitude de m'allonger sur mon lit. Après une journée de tumulte, de réunions, de « To Do » de plus en plus conséquentes et cinquante minutes de transport, il est doux de prendre un moment avec mon enfant. Je mets les mains sur mon ventre, puis j'attends. Tout est calme et apaisé. Je ne tarde alors pas à le sentir bouger. Je lui parle, ce qui peut sembler complètement délirant de l'extérieur, j'en conviens. Je lui demande comment était sa journée, s'il va bien, s'il ne fait pas trop noir dans mon ventre. Il me répond toujours. Même si je ne comprends pas ce qu'il me dit, j'ai l'impression qu'il dialogue avec moi en bougeant. C'est un moment privilégié, de mère à bébé, que je chéris beaucoup. Un moment d'écoute et d'ouverture. Un moment de sérénité. Qu'il semble loin le temps de la marée haute !

Puis les choses changent. Jour après jour. Au départ, je ne sentais mon bébé qu'en plein milieu de la nuit, de manière complètement imprévi-

13. Camille « Bubble Lady », *Ilo Veyou*, 2011.

sible, avec une sensation de bulles légères. Puis le soir, en rentrant du travail ou avant de dormir, à condition d'être allongée et au repos. La sensation devient alors moins éphémère que celle de bulles. Plus saisissable aussi, tant en termes de ressenti que de prédictibilité du moment. Mais enfin, cela reste des mouvements légers et doux comme une plume auxquels il faut être attentif.

Les jours filent et je commence à le sentir bouger dans la journée également. De plus en plus fréquemment et de plus en plus fort. Si bien qu'assise sur ma chaise de travail, ses mouvements parfois me surprennent ! Lorsque vient le soir, c'est une véritable séance d'aérobic en bonne et due forme qui se déroule dans mon ventre. Il s'agite dans tous les sens. Cela me fait sourire et ne m'empêche généralement pas de trouver le sommeil.

Les sensations éprouvées se précisent. Je sens par exemple que l'eau, ou plutôt le liquide amniotique dans lequel baigne le bébé, atténue considérablement le ressenti des mouvements. Tout comme lorsque vous êtes vous-même dans l'eau et que quelqu'un vous donne un coup de pied. Il n'empêche que lorsqu'il tape de la main ou du pied vers la vessie, c'est franchement désagréable et inconfortable.

Les mois passant, si vous regardez votre ventre, vous le verrez bouger tout seul en fonction des coups donnés. Je me souviens d'avoir été en maillot de bain et de pouvoir montrer à ma belle-famille le bébé se mouvoir telle une anguille. Cela permet de faire partager aux autres la vie du bébé sans avoir pour autant une série de mains sur vous. Une autre fois encore, mon ordinateur était posé sur un cahier en équilibre sur mon ventre (ce qui, je pense, n'est pas très recommandé). Le bébé ne devait pas apprécier car il faisait dangereusement vaciller le tout par ses mouvements. Mais c'est au neuvième mois de grossesse que j'ai souvenir des mouvements les plus incroyables. À quelques jours d'accoucher, j'étais assise dans mon lit, occupée à écrire, lorsque mon ventre s'est animé d'une façon tout à fait spectaculaire. Jamais je n'avais aussi bien vu le bébé bouger et aussi longtemps. Je ne saurais dire si c'était un bras, un coude ou une jambe, mais il surgissait à la façon d'un périscope sortant des eaux et traversait mon ventre. C'était très impressionnant.

Lorsque j'essaie de mettre des mots sur mes ressentis, je dirais que j'ai l'impression à la fois d'avoir un serpent d'eau qui se meut dans mon ventre et à la fois de me transformer en caisse de résonance d'un tambour.

Si, d'ailleurs, le bébé ne baignait pas dans du liquide, quel superbe festival de percussions ce serait !

L'utilisation des termes « serpent d'eau » doit en surprendre plus d'un. Et doit renforcer le sentiment d'« alien » que certains associent à la grossesse. Plus jeune et alors que je ne cherchais pas à avoir d'enfant, je me souviens d'avoir moi aussi demandé à plusieurs femmes enceintes si elles n'avaient pas la sensation d'avoir un « alien » dans le ventre. Une fois enceinte, des collègues m'ont posé cette même question. Ma réponse est sans équivoque : bien évidemment que non ! « Alien » signifie « autre », « étranger ». Or, ce bébé fait partie intégrante de vous. Il ne vous est pas étranger. Il grandit avec vous et par vous. Certes, il se meut dans votre ventre sans que vous n'ayez de contrôle dessus. Parfois de manière douce à la façon d'une anguille agile qui se faufilerait subtilement. Parfois en vous donnant de sacrés coups de nageoires ! Mais la réalité est que vous en êtes ravie. C'est tellement rassurant ! D'une part parce que c'est le signe d'une bonne vitalité. Il est dit que l'absence de mouvement durant une journée est inquiétante et doit amener à consulter en urgence. D'autre part, parce que votre bébé, par ses mouvements, communique avec vous. Par exemple, hier soir, j'étais allongée et me suis tournée d'un côté. Je n'ai pas tardé à sentir un panaché de coups et de bulles. Je me suis alors remise sur le dos et j'ai tenté une autre position. Une amie m'a raconté qu'une nuit, à cinq mois de grossesse, elle s'était mise sur le ventre pour s'endormir. Elle avait nettement senti que la locataire des lieux n'était pas ravie de se sentir écrasée.

Enfin, votre bébé vous rappelle parfois à l'ordre en vous signifiant sa présence. Et ça, c'est très utile lorsqu'on est quelqu'un de très actif qui a du mal à se reposer. En bougeant, votre bébé vous dit : « *N'oublie pas que tu es enceinte. Écoute-toi, écoute-moi.* » Plus les mois passent, plus la grossesse vous impose son rythme. J'en suis un parfait exemple puisque j'écris ces lignes allongée.

De fines bulles à tambour battant, les mouvements de votre bébé donnent à votre grossesse un aspect concret que, pour ma part, je me suis empressée de partager avec mon mari. Patient, il a posé sa main sur mon ventre et nous avons attendu. Quelle n'a pas été sa surprise lorsqu'il a senti le bébé bouger pour la première fois ! Il a immédiatement enlevé sa main en s'exclamant : « *Waouh !* ». J'ai effectivement remarqué que la plupart des personnes qui n'ont jamais eu d'enfant ou jamais senti bouger un bébé auparavant ont majoritairement cette réaction. Parfois même, la sensation ne leur plaît pas, elles ne souhaitent pas s'y aventurer davantage.

Romanesque, je m'étais imaginé que mon mari, à son retour de travail tous les soirs, se serait précipité les deux mains sur mon ventre et, d'un air passionné et concentré, aurait attendu que le bébé bouge. Mais il a fallu un peu de temps pour que, de lui-même, il pose la main sur mon ventre. J'avoue au début avoir été surprise, je dirais même un peu déçue. Lui qui souhaitait tant devenir père, je le trouvais plutôt distant. À dire vrai, c'était moi qui l'incitais à prendre contact avec son enfant. J'en ai parlé à plusieurs amies qui m'ont rassurée sur ce point. Certaines m'ont même confié que leur compagnon n'avait tout simplement pas la patience d'attendre que le bébé bouge. Il mettait la main sur leur ventre trente secondes et s'il ne se passait rien, n'insistait pas.

En discutant avec plusieurs couples qui attendaient ou avaient des enfants depuis peu, je me suis rendu compte que ces réactions masculines sont courantes et ne témoignent pas pour autant d'un manque d'intérêt. Mais pour eux, tout ceci reste très abstrait. Certes, le corps de leur compagne évolue, certes le bébé bouge dans le ventre, mais là où cela devient vraiment concret, c'est lorsqu'ils tiennent leur enfant dans les bras à la maternité. C'est à ce moment-là que certains se sentent devenir père. Bien sûr, chaque homme est différent et aura des réactions diverses. Je ne relate que l'expérience d'amies et la mienne.

Ainsi, pas d'inquiétude si votre compagnon n'est pas en totale adoration devant votre ventre. Cela ne présage de rien pour le futur. Simplement, pour eux aussi, c'est nouveau et il n'est pas forcément simple ni de se positionner par rapport à ce bébé, ni de se projeter.

Avec le temps et l'avancée de la grossesse, Maxime posera de plus en plus les mains sur mon ventre de lui-même, jusqu'à un jour me réveiller en pleine nuit ! Dans un demi-sommeil, je lui demande ce qu'il fait.

— Je vérifie qu'il bouge bien, me répond-il très sérieusement et tout à fait éveillé, à 4 h du matin.

Un autre souvenir me fait encore sourire. Je partageais régulièrement avec lui les moments où je sentais notre bébé bouger. Un soir, alors qu'il me donnait de sacrés coups de pied, Maxime s'exclama :

— Encore ?

— Pourquoi « encore » ? C'est bien, c'est tout à fait normal !

Il m'avoua alors, d'une voix d'où perçait une pointe d'inquiétude :

— Tu ne penses pas que notre bébé va être nerveux ? Il bouge tellement... Je sens qu'il ne va jamais dormir !

Les mères sont rassurées par la bonne vitalité de leur bébé. Les pères s'en inquiètent. Et les contraires s'attirent !

Les deux extrêmes

Du fait d'une exposition au risque Zika, je dois faire des échographies tous les mois. Normalement, seulement trois échographies sont obligatoires durant toute la grossesse. Pour ma part, début juin, à quatre mois de grossesse, j'en suis déjà à ma quatrième ! Il s'agit d'une échographie intermédiaire qui fait suite à celle obligatoire du premier trimestre. Je la réalise à l'hôpital, accompagnée de Maxime.

Il est 9 h et nous attendons sagement dans un couloir que le médecin arrive, en se demandant s'il aura beaucoup de retard. Assis, sur des sièges qui ont déjà vécu une vie, nous passons le temps en lisant, sans véritablement y prêter attention, les affiches placardées au mur. Une petite dame aux cheveux noirs arrive une vingtaine de minutes plus tard et nous fait entrer dans son bureau. Son visage m'est familier. Mince, cheveux très bruns mi-longs, visage anguleux. Je la reconnais maintenant. C'est elle qui a réalisé l'échographie de datation ! Elle nous invite à nous asseoir, regarde mon échographie du premier trimestre et nous demande si nous souhaitons connaître le sexe de l'enfant. Normalement, c'est une information que l'on donne à l'échographie du second trimestre, soit un mois plus tard. Nous ne nous attendions pas à cette proposition. Nous nous regardons et j'entends Maxime dire « oui ».

Je m'allonge sur le lit d'examen et le médecin éteint la lumière. L'écran est face à nous. Maxime est assis à gauche de ma tête, sur un tabouret. Un peu de gel froid sur mon ventre et la sonde danse déjà. Le spectacle est toujours aussi extraordinaire, d'autant que l'on voit à nouveau le bébé dans son intégralité, comme lors de l'échographie du premier trimestre. Ce ne sera en effet plus le cas des prochaines échographies où il sera devenu trop gros. Nous nous sentons très privilégiés de le voir ainsi à nouveau. Le médecin prend le temps de bien regarder notre enfant en nous expliquant ce qu'elle voit à l'écran. Soudain, elle s'exclame :

— Regardez, il bat des mains !

C'est allé si vite que nous n'avons rien vu, mais

l'échographiste a un grand sourire. Nous voyons le joli profil de notre bébé et tout nous semble merveilleux. Je me sens dans un état second de béatitude. Très légère, j'ai l'impression de flotter dans le bonheur.

— Souhaitez-vous toujours connaître le sexe de l'enfant ?

Nous répondons en chœur par l'affirmative.

— C'est une petite fille !

Un ange passe. Le médecin, devant l'absence de réaction, dit alors :

— Vous auriez préféré un garçon peut-être ?

Je sors alors de mon état de contemplation et de ravissement.

— Pas du tout ! Fille ou garçon, nous sommes ravis ! Cela n'a aucune importance à mes yeux. L'essentiel, c'est simplement que le bébé aille bien.

Connaître le sexe de l'enfant est une étape nouvelle qui nous permet de nous projeter encore davantage. Il est vrai que je n'ai aucune préférence pour une fille ou un garçon. Je n'y ai même jamais réfléchi.

Après une demi-heure d'examen, la lumière blanche, froide et aveuglante est rallumée. Nous sortons brusquement d'un doux rêve qui, cette fois, est réalité. Quand Maxime pose une question à laquelle je ne m'attends pas du tout et qui me fait franchement sourire :

— On est certains pour le sexe de l'enfant, n'est-ce pas ? Aucun risque que cela ne change ?

— Oui, c'est certain. Pas de doute ! répond l'échographiste.

Je regarde Maxime, surprise. Jamais je n'aurais pensé qu'il puisse avoir une préférence pour un garçon. Est-il déçu ? Je lui pose immédiatement la question une fois sortis de la salle d'examen.

— Pas du tout ! Mais j'ai entendu des couples à qui on avait dit que c'était une fille et finalement c'était un garçon et vice-versa. Je voulais simplement être sûr avant de pouvoir le dire à mes parents.

En moi-même, je me demande à quel point il est difficile pour un homme de se projeter de prime abord avec une fille plutôt qu'un garçon. Mais même si Maxime a des craintes non avouées, je suis sûre qu'il sera fou de sa fille. Tous mes amis, qui ont d'abord eu une fille, le disent d'ailleurs.

Cette échographie reste la plus belle que j'ai passée ! J'y repense encore avec émotion. Trente minutes d'un pur bonheur !

Mais s'il y a eu « la plus belle » des échographies, il y a aussi eu « la pire ».

Faisons un bond en avant. Septembre 2018. Échographie du troisième trimestre.

Le temps est beau et chaud. Une douce brise souffle. La journée s'annonce magnifique. Maxime n'est malheureusement pas là, mais ma mère a pu se libérer pour m'accompagner faire cet examen. Je suis ravie qu'elle puisse voir le bébé. Je n'ai plus de crainte quant à sa bonne forme. J'ai hâte de voir ma fille et de la présenter à ma mère, si tant est qu'on puisse parler de présentation.

Nous arrivons à l'hôpital et je sais déjà que je ne serai pas prise en charge par mes échographistes habituels mais par un obstétricien que je ne connais pas. J'ai entendu dire que c'était un bon professionnel, mais qu'il n'était pas très causant. C'est le moins que l'on puisse dire.

Dans la salle d'attente, assises côte à côte, nous attendons patiemment l'arrivée du médecin. Une maman nous fait face. Elle donne un biberon à son bébé qui doit avoir un mois. Je suppose qu'elle a rendez-vous avec un pédiatre. Je regarde à nouveau les affiches qui ponctuent le mur : « *Arrêtez le tabac une fois enceinte* », « *Vous aider à arrêter l'alcool* », « *Atelier de portage* », « *Accoucher dans l'eau* », « *Apprenez à masser votre bébé* ». Tout un programme.

Le médecin a du retard. Une infirmière vient

d'amener dans la salle d'attente une vieille dame en fauteuil roulant. Elle a de longs cheveux gris, raides et sales, qui tombent sur ses épaules. La tête baissée sur son torse, elle a un air absent. Certainement baladée d'une salle d'examen à une autre, elle ne semble pas réellement savoir où elle est, ni pourquoi elle est là. Elle attend, simplement. Je vois alors un médecin s'emparer de la chaise roulante sans la saluer et l'amener je ne sais où. Il est de taille moyenne, cheveux noirs courts, visage fermé. Pas l'air très aimable, encore moins avenant. Et c'est avec lui que nous avons rendez-vous !

Une quinzaine de minutes plus tard, débarrassé de la chaise roulante, il nous appelle. Alors que nous nous levons, ma mère et moi, et allons à sa rencontre pour le saluer, il nous tourne le dos, sans même nous dire bonjour. Nous nous regardons, et la même pensée traverse notre esprit : *« Ça ne commence pas très bien. »* Nous suivons le médecin dans une toute petite salle d'examen qui doit faire deux mètres sur trois, meublée seulement d'un siège médical et d'une machine pour réaliser les échographies. Je demande au médecin où ma mère peut s'asseoir. Il se tourne à peine vers elle, fait un geste vague sans répondre et se concentre sur sa machine. Elle appuie alors son dos contre le mur.

— Peut-être souhaitez-vous voir ma dernière échographie ? Elle date du 30 août, lui proposé-je.

— Non, je n'en ai pas besoin.

— Peut-être serez-vous intéressé de savoir que j'ai un suivi particulier du fait d'une exposition au risque Zika ?

Il se contente de marmonner des mots incompréhensibles. Il me demande d'épeler mon nom qu'il entre avec difficulté dans la machine. Je m'allonge sur le siège et il passe à l'examen, sans un mot. Il ne dit rien, à part murmurer de temps à autre. Je suis à quelques centimètres de lui et capte parfois un « ventre » ou « reins ». Cela m'agace et je finis par lui dire :

— Excusez-moi, mais je n'entends rien de ce que vous dites. Pouvez-vous parler plus fort s'il vous plaît ?

Mais seul l'écho de ma voix me répond. Quelques minutes plus tard, je saisis un :

— Tout va bien jusque-là.

Mais moi, je ne vais pas bien. Pas bien du tout. Qu'est-ce que c'est que ce médecin incapable de communiquer ? Je bouillonne maintenant de colère. Je n'ai jamais vu quelqu'un d'aussi fermé et hermétique. Moi qui chéris habituellement mes rendez-vous d'échographie, j'ai maintenant envie que l'examen se termine le plus rapidement possible.

Lorsqu'il me tend des serviettes en papier afin que j'essuie le gel sur mon ventre, je lui demande s'il peut mesurer mon col. Je souhaite en effet savoir s'il continue de se rétrécir ou s'il s'ouvre. Je l'entends me répondre :

— Ce n'est pas dans le protocole de l'échographie du troisième trimestre.

— Est-ce que vous pouvez quand même le faire, s'il vous plaît ?

Il soupire.

— Oui.

Il regarde très rapidement. Beaucoup plus rapidement que ce que les autres échographistes ont pu faire les fois précédentes. Une grosse boule enserre ma gorge. J'ai vraiment envie de l'insulter, mais je suis tellement prise par l'émotion que je me mets à pleurer à gros bouillons. Je me rhabille puis il nous fait entrer dans son bureau. S'interroge-t-il sur mes larmes ? Pas du tout. Il me remet mon échographie, à peine gêné. Ma mère et moi sommes stupéfaites. Je sors de son bureau toujours en pleurs, file voir les secrétaires et leur demande de changer immédiatement de médecin. Je ne veux plus avoir affaire à lui pour les prochaines consultations. Elles se demandent ce qui a bien pu se passer dans cette salle d'examen et si c'est en lien avec mon bébé. Elles m'envoient tout de suite voir une sage-femme et l'une d'entre elles m'accompagne jusqu'à un bureau.

J'entre dans une pièce où une dame est assise derrière un ordinateur. Elle a une cinquantaine d'années, des cheveux gris et une paire de lunettes dans les cheveux. D'une voix très douce, elle me demande :

— Que se passe-t-il, Madame ?

Je ne mâche pas mes mots :

— Ce médecin n'est vraiment qu'un pauvre type ! Il a eu un comportement très déplacé. Il ne nous a même pas saluées ! Il n'a rien dit durant toute l'échographie. S'il n'est pas capable de communiquer, il ne faut pas être médecin !

Je lui explique mon expérience et ressenti dans les grandes lignes, entre deux hoquets.

— Je suis vraiment désolée.

Elle soupire puis continue :

— Tout le monde reproche à ce médecin ce que vous lui reprochez. Et nous, sages-femmes, on rame derrière pour rattraper les situations. Votre bébé va bien, c'est le principal. Mais lorsqu'il y a un problème, c'est encore plus compliqué pour les patientes.

Je parle un peu avec elle et cela me fait du bien.

Puis je rejoins ma mère dans le hall d'entrée de l'hôpital et nous rentrons à la maison.

La vérité est que je suis complètement bouleversée et tellement en colère ! Cela devait être un beau moment. Quelle déception pourtant ! Quel gâchis ! Pensez qu'à la fin de l'échographie, je n'étais pas à cent pour cent certaine que mon bébé aille bien. Heureusement, je ne suis pas inquiète, car ma dernière échographie date d'il y a un mois et tout était parfait. Il n'y a donc aucune raison qu'il y ait un problème maintenant. La sage-femme a d'ailleurs été rassurante à la lecture du compte-rendu. Mais je suis sidérée par le comportement de ce médecin. Quel manque de considération à l'égard de ses patientes ! Quel manque criant de respect ! Docteur T. comme taiseux, taciturne et tellement toquard !

C'était comme si j'étais un pot de fleurs, ou mieux, une cithare, c'est plus féminin. En tout cas, un objet inanimé ! Cela me fait penser à ces cauchemars où vous avez beau crier, hurler, vous agiter en tous sens, et la personne, pourtant à côté, ne vous entend pas, ne vous voit pas et continue de vaquer gentiment à ses occupations. J'ai eu la sensation, pendant l'examen, de ne pas exister. Et si j'existais, alors il m'ignorait superbement et je dérangeais.

C'est réellement révoltée que j'écris ces lignes. Un médecin, ce n'est pas qu'un technicien! C'est aussi une personne qui sait écouter, sentir, ressentir et accompagner. Incapable de communiquer, peut-être aurait-il mieux valu qu'il se concentre sur de la recherche plutôt que d'être au contact quotidien de femmes. Nous ne sommes pas des objets d'étude inertes dont on analyse une partie du corps. Nous sommes des femmes, et qui plus est de futures mères, intéressées au premier chef par ce qui se passe durant la consultation. Nous avons besoin de savoir, de poser des questions, de comprendre, parfois d'être rassurées. Nous souhaitons être dans une relation de partage et de confiance avec le praticien.

Je ne suis ni la première ni la dernière à avoir essuyé les casseroles avec ce médecin. Lors de la visite de la maternité, une jeune femme interrogeait, anxieuse et désemparée, une sage-femme sur ce qu'elle devait faire.

— Qu'est-ce que le médecin vous a dit? questionne la sage-femme.

— Justement rien. Il n'a rien dit. Il m'a auscultée, mais je ne sais pas ce qu'il cherchait ni ce qu'il a trouvé. Je ne sais rien. Je n'ai rien compris.

— Oui, c'est courant avec lui, répond la sage-femme. Il ne dit jamais rien.

Cette réponse me laisse perplexe. S'il est notoire que ce médecin laisse ses patientes dans un désarroi total, ne leur expliquant rien, pourquoi les choses restent-elles ainsi ? Pourquoi continue-t-il à se comporter de la sorte sans jamais se remettre en question ? N'a-t-il pas vent des bruits qui courent sur sa personne ? Ne pourrait-il pas considérer ces reproches comme un axe d'amélioration ? Et si, hautain, il est au-dessus de tout cela, n'y a-t-il pas une hiérarchie qui puisse le contraindre à faire un minimum d'efforts ? Car c'est l'image de l'hôpital qui pâtit de ce type de comportement !

Si chacune d'entre nous faisons remonter à ses supérieurs nos expériences catastrophiques, des mesures seront-elles prises ? Combien de temps peut-il continuer à exercer sans aucune remontrance ?

Je ne remets pas en question ses compétences techniques. Il est peut-être excellent. Mais humainement parlant, je n'ai jamais rencontré un médecin aussi mauvais ! Au-delà d'une absence totale d'empathie, ne pas saluer ses patients relève d'un manque de savoir-vivre et de politesse élémentaires ! Ce qui en fait à mes yeux, et je reprends les mots de Martin Winckler, une « *brute en blanc* [14] ».

---

14 Martin Winckler, *Les Brutes en blanc*, Flammarion, 2016.

Comme ci ou comme ça?

Ma grossesse suit son cours paisiblement. Les jours s'égrènent en ce mois de septembre sous un soleil encore généreux et un ciel bleu azur. Maintenant en congé maternité, je me lance dans l'écriture de ces lignes. Je passe ainsi la plupart de mes journées allongée sur un transat, au repos. Ma sage-femme m'a en effet demandé de ralentir sérieusement le rythme si je souhaite mener à terme ma grossesse. Alors, je ne joue pas avec le feu et suis ses recommandations. Un soir, soucieuse, j'appelle ma grande sœur, mère de deux enfants. À plusieurs milliers de kilomètres de moi, j'arrive enfin à l'avoir au téléphone.

— Comment vas-tu? Quelles sont les nouvelles? me demande-t-elle d'un ton enjoué.

— Ça ne va pas trop bien là. Je suis assez angoissée. J'ai des contractions régulières toutes les dix, quinze minutes environ, depuis plus de trente minutes. Et je suis allongée sur un transat. Tu crois que c'est le travail ?

— Quand est prévu ton terme ?

— Dans deux mois ! Il ne faut pas que j'accouche maintenant !

— Calme-toi, ce n'est peut-être rien du tout.

— Mais comment sais-tu si ce sont les contractions du travail ou pas ?

— Crois-moi, tu le sais. Elles sont beaucoup plus douloureuses. Tu devrais aller t'allonger dans ton lit et essayer de dormir.

Je suis son conseil et passe finalement la nuit sans encombre. Fausse alerte.

La crainte d'accoucher prématurément s'accentue au fur et à mesure que le temps passe. J'ai des contractions quotidiennement, même allongée, et elles gagnent chaque jour un peu plus en intensité. Par ailleurs, Maxime est très souvent en déplacement et je crains d'accoucher seule. À cela s'ajoute la perspective d'un déménagement à l'étranger. De gros changements sont donc à venir dans notre vie, au-delà de l'arrivée d'un bébé. Je prends ainsi la décision de retourner chez mes parents, dans le sud de la France, et par conséquent de changer de maternité. Décision difficile car je suis attachée au personnel soignant de la maternité parisienne qui a suivi mes deux fausses couches. Mais notre déménagement se précise et nous devons rendre notre appartement. Je dois ainsi trouver une nouvelle sage-femme, continuer mes cours de préparation à la naissance, prendre des renseignements sur la nouvelle maternité et m'informer sur le suivi pédiatrique une fois arrivée dans notre nouveau pays. Fort heureusement, en province, il y a toujours de la place dans les maternités. Et il n'est pas nécessaire de s'inscrire dès que l'on a connaissance de sa grossesse, contrairement à Paris. Par ailleurs, ma grande sœur, elle aussi à l'étranger, est revenue en France il y a trois ans accoucher de son petit garçon dans cette maternité, proche de chez mes parents. Elle m'en a dit du bien, ce qui me rassure un peu.

Très souvent vêtue d'habits couleur pastel jusqu'à son bracelet de montre en cuir rose pâle, ma nouvelle sage-femme, Isabelle, dégage une vraie douceur. Ses cours de préparation à la naissance sont intéressants et très clairs. En guise d'introduction, nous parlons de morphologie, puis de travail et de positions à adopter pendant le travail. Des images placardées au mur, un bassin en résine, une poupée, des ballons et des tapis de sol permettent de comprendre aisément, et également de se mettre dans les positions conseillées.

Je me souviens particulièrement du cours sur les respirations et poussées. J'avais ramené un petit livret sur l'accouchement que ma sœur m'avait confié. Une photo m'avait particulièrement interpellée. Alors que nous sommes toutes les deux assises dans des fauteuils confortables, je lui tends l'image en question :

— Voilà ce à quoi je ne souhaite pas que mon accouchement ressemble !

On peut voir une femme sur le dos, les jambes dans des étriers en train de pousser, tandis qu'un obstétricien est assis en attendant le bébé. Je trouve la photo particulièrement effrayante ! Peut-être est-ce la différence entre cette femme, dans la douleur et en travail et l'obstétricien, qui semble tranquille, imperturbable et presque indifférent sur son tabouret... Je ne saurais le dire.

Lorsque ma sage-femme voit l'image et mon regard horrifié, nous partons toutes les deux dans un fou rire. Elle me montre alors une position d'accouchement sur le côté, plus favorable pour le périnée et où Maxime peut participer en exerçant une pression sur mes mains tendues vers lui lors des poussées.

— Dans cette position, il faut que vous imaginiez que vous vous étirez. C'est comme si vous

« démouliez » votre bébé. Pendant les poussées, que ce soit à respirations bloquées ou expirations contrôlées, l'effort est intense. Cela demande beaucoup d'énergie et de concentration. Malgré les heures de travail qui ont précédé et durant les trente minutes de poussées, il faut que vous soyez mobilisée et toujours en pleine conscience de ce qui est en train de se passer.

Elle s'arrête un instant puis continue :

— Comme vous le savez, la tête est ce qu'il y a de plus large à passer. Si les épaules coincent, on vous demandera de vous mettre sur le dos et de ramener les jambes le plus loin possible sur votre poitrine. La sage-femme mettra sa main en forme de poing sur votre pubis pour faire pression sur les épaules du bébé afin qu'elles sortent.

Je prends des notes sur mon ordinateur tout en l'écoutant. Cela me permet de les partager par la suite avec Maxime, qui n'est pas toujours présent au cours, et de les relire régulièrement. Maxime souhaite être impliqué dans cet accouchement et ne pas y assister en simple spectateur. Lui et moi désirons qu'il ait un rôle actif. Pour se prémunir de frayeurs inutiles et ne pas subir, nous voulons avoir un bon niveau de connaissance. Et le même niveau de connaissance.

Entre deux cours, des questions me viennent à l'esprit et je les partage lors de la séance suivante. Nous parlons également d'allaitement. Nous y consacrons même une heure entière.

L'allaitement est un point très important à mes yeux. Je souhaite tout mettre en place afin d'y parvenir, même si les débuts peuvent être difficiles ou éprouvants. Et parce que je pars vivre à l'étranger, réussir à allaiter me paraît encore plus essentiel. Savoir que je peux nourrir ma fille en toutes circonstances et en tous lieux me rassure face à mon départ prochain. Et pour elle, malgré les changements, il y aura la constante du sein et du lait.

Un jour que nous discutons des pleurs de bébé, elle me propose :

— Peut-être devriez-vous écrire un projet de naissance ?

— Qu'est-ce que c'est exactement ?

— C'est mettre sur papier ce que vous souhaitez pour votre accouchement.

Elle marque une pause.

— Nous arrivons à la fin des cours et il me semble que vous avez maintenant une vision claire de ce que vous souhaitez ou ne souhaitez pas. Cela permet au personnel soignant d'être au courant et de respecter encore mieux vos choix.

Je me souviens soudain d'une amie qui, alors expatriée de l'autre côté de la planète, m'avait parlé de son projet de naissance, co-écrit avec son compagnon. Loin de sa famille et de ses proches et sachant qu'ils ne lui rendraient pas visite tout de suite, le projet de naissance lui tenait à cœur pour poser ses souhaits pendant et après l'accouchement. J'imagine qu'elle a, par exemple, dû se demander comment elle allait vivre l'absence de ses proches, alors qu'une naissance est un événement par excellence familial. Par quels moyens de communication, tels WhatsApp ou Skype, allait-elle pouvoir présenter son bébé ? Comment pallier l'absence des siens, les conseils ou l'accompagnement que l'on peut souhaiter vis-à-vis de sa mère, de ses frères et sœurs ?

Le projet de naissance, c'est finalement un moyen de se projeter, de se poser des questions et d'y apporter des réponses. Par exemple, quel rôle mon compagnon souhaite-t-il avoir pendant le travail ? Pendant l'accouchement ? A-t-il envie de m'aider, et si oui, comment peut-il le faire ? Ai-je envie d'avoir une péridurale ? Si la sage-femme le permet, est-ce que je souhaite, une fois la tête et les épaules de mon bébé sorties, le tirer hors de mon ventre avec mes deux mains ? Mon compagnon est-il partant pour couper le cordon et suivre les soins du bébé post-accouchement ? Est-ce que je désire allaiter ? Bien entendu, on ne peut pas tout prévoir, mais si on ne dit pas aux sages-femmes ce que l'on souhaite – par exemple, suivre les soins –, elles ne peuvent pas forcément le deviner. Peut-être le proposeront-elles spontanément, mais peut-être aussi seront-elles occupées et préoccupées par plusieurs accouchements simultanés et n'y penseront pas ou feront au plus vite.

Un des messages clefs de mes cours est qu'il nous revient d'être acteur de notre accouchement. Ma sage-femme a régulièrement vu des femmes s'en remettre totalement au personnel soignant une fois passées les portes de l'hôpital. Dit autrement, c'est un peu comme si elles se « déchargeaient » de leur accouchement. « Maintenant, à vous de jouer ! » paraissent-elles penser à l'égard des sages-femmes alors même qu'elles tiennent le premier rôle. À ce titre, il me semble donc qu'elles ont leur mot à dire.

Bien évidemment, il faut écouter les conseils, mais l'écoute doit être des deux côtés. Il faut aussi se faire confiance et ne pas se laisser déposséder du rôle principal qui est le nôtre. Cela me fait penser à une publicité qui date des années 2000 et dont l'objectif est d'appeler les citoyens à voter. La scène se déroule dans la salle d'accouchement d'une maternité. Des parents tiennent leur bébé tout juste né dans leurs bras, émus, jusqu'à ce que les soignants choisissent à leur place le prénom de leur enfant. Le slogan est : « Ne laissez personne décider pour vous. Votez [15]. »

Post-accouchement, ces mêmes femmes confient qu'elles se sont senties frustrées de ne pas avoir vécu les choses comme elles l'imaginaient, ou de s'être vu imposer un rythme qu'elles ne souhaitaient pas. Pourquoi ne l'ont-elles pas dit ? Souvent, elles n'ont pas osé, impressionnées par la « fameuse blouse blanche » qui sait tout. La « blouse blanche » qui sait mieux que quiconque ce qui est bien et bon pour nous et notre bébé. Ou elles n'avaient pas connaissance qu'il y avait une autre manière de faire. Ou pire, elles n'ont pas été écoutées ni leurs choix respectés.

D'où l'importance de bien se renseigner avant. Savoir pour ne pas « s'écraser » devant le personnel soignant, savoir pour pouvoir échanger et discuter, savoir pour, encore une fois, faire les choix qui nous correspondent. Bien sûr, certaines situations sont des urgences. Il faut aller très vite et ne

---

15 *Élections : choix du prénom (France - 2001),* [En ligne]. http://www.culturepub.fr/videos/elections-appel-au-vote-choix-du-prenom/

pas perdre une minute, car la vie du bébé ou de la mère en dépend. Dans ces cas-là, pas d'autre alternative que de s'en remettre totalement à l'équipe soignante. Mais même dans ces cas-là, et je dirais encore plus dans ces cas-là, il est important d'être bien préparé.

Tic-tac, tic-tac

Si en août, je faisais de grandes balades champêtres, fin octobre, je passe le plus clair de mon temps allongée. Je m'autorise de temps à autre à aller chercher le courrier, et comme je marche à l'allure d'un escargot, cela constitue ma balade du jour. Des contractions animent en effet mes jours et mes nuits. Elles sont normales à ce stade, car mon accouchement est prévu mi-novembre. Mais elles ne sont pas pour me rassurer, car Maxime est encore en déplacement et ne rentre que début novembre.

Je parle tous les jours à mon bébé pour lui demander de rester encore un peu dans mon ventre et d'attendre la venue de son papa. Mes parents jouent le jeu et font tout pour que j'ai le moins de choses à faire : je ne fais aucune course, ne prépare pas les repas, ne dessers pas la table. Ils me conduisent aussi à mes rendez-vous médicaux et m’écoutent maugréer contre les routes du Sud, qui sont pleines de bosses et de trous et déclenchent des contractions. Bref, j’ai des parents en or qui font tout pour maximiser mes chances de ne pas accoucher avant que mon mari ne soit à mes côtés.

Lorsque je me rends à ma consultation du neuvième mois, l’obstétricien, un homme petit, très souriant et affable, me dit :

— C’est un gros bébé, mais vous devriez avoir un accouchement facile. Vous avez un bassin large. Tout devrait bien se passer.

— Qu’elle ait un joli poids ne m’étonne pas ! On fait des gros bébés dans la famille. Ma grand-mère a eu des jumeaux qui pesaient 4 kg et 3,7 kg et qui, en plus, sont nés post-terme ! Ma mère pesait 5 kg à la naissance. Et ma grande sœur a accouché de bébés de plus de 4 kg. Vous pensez que ma fille va faire plus de 4 kg ?

— Peut-être pas, mais elle va avoisiner les 4 kilos.

Il m’cxamine.

— Vous savez, je ne pense pas que vous arriviez jusqu’au terme.

Mon sang ne fait qu’un tour.

— Vous pensez qu’elle va patienter encore quatre petits jours ? Mon mari rentre dans quatre jours.

Je le vois soudain pensif.

— Quatre jours ? Oui, ça devrait être bon. On va croiser les doigts. Mais vous accoucherez très certainement avant deux semaines, donc avant votre terme.

— Est-ce que je peux prendre du Spasfon ? J'ai pas mal de contractions et je ne veux pas accoucher avant son retour.

— Oui, vous pouvez. Avez-vous pensé à quelqu'un si jamais votre mari n'est pas rentré ?

— Oui. Ma mère s'est arrangée avec une collègue pour pouvoir être remplacée. Elle sera à mes côtés au cas où j'accoucherais avant son retour.

Bien sûr, je préférerais que Maxime m'accompagne. C'est avant tout sa place. Mais si ma mère est avec moi, je sais aussi que je pourrai compter sur elle, qu'elle saura trouver les mots justes au besoin. Tout en dégageant une grande sérénité, c'est quelqu'un de très dynamique. Et elle est toujours positive. Quoi qu'il arrive, elle voit le verre à moitié plein.

Alors que je rentre de la maternité, à plus de quarante-cinq minutes de chez mes parents, j'ai une très forte contraction. Très longue. Je respire profondément et le plus calmement possible, mais je sens que pour mon bébé, cette contraction est difficile. Rentrée, je m'allonge immédiatement.

Me voilà donc à faire une cure de Spasfon. J'en prends particulièrement le soir. Quand la nuit tombe, je suis en effet plus angoissée, comme le sont d'ailleurs les nouveau-nés. Je me demande toujours si je vais passer la nuit sans encombre. D'autant que depuis quinze jours, tout le monde me répète que le bébé peut arriver n'importe quand. Les gens ont la fâcheuse habitude de dire ce que je n'ai pas envie d'entendre. Ainsi, même si leur chambre est au-dessus de la mienne, mes parents gardent leur téléphone allumé toute la nuit durant, au cas où. Je pense qu'ils m'entendraient si je les appelais. Mais on n'est jamais trop prudent.

Je m'enquiers aussi auprès de trois amies des signes précurseurs de leur accouchement. En effet, s'il y avait des signes annonciateurs fiables et si j'arrivais à les sentir au fond de moi, je pourrais demander à Maxime de rentrer immédiatement. Il est à environ deux heures de vol et une heure de train de la maternité. En supposant qu'il faille compter dix à douze heures de travail pour un premier accouchement, il aurait théoriquement le temps de me rejoindre. Cela nécessite tout de même que je le prévienne précisément au bon moment, car il n'y a que deux ou trois vols par jour. Et une fois en France, à la gare, il faut parfois compter deux heures d'attente, les trains n'étant pas réguliers. Certes, la perte du bouchon muqueux, cette substance gélatineuse qui ferme le col et protège le bébé des infections pendant la grossesse, peut être un indice. Mais son évacuation n'est néanmoins pas le signe que l'accouchement est imminent. Il signifie seulement que le corps se prépare à la naissance. Quant à la rupture de la poche des eaux, elle lance souvent le processus de travail, mais pas toujours. Demander à Maxime de rentrer une fois le bouchon muqueux parti, c'est peut-être trop tôt. Lui demander de rentrer une fois la poche des eaux rompue, c'est certainement trop tard. Je suis donc à la recherche d'indices plus subtils.

La réponse de ma première amie me laisse sur ma faim. En effet, la veille de son accouchement, rien ne lui laissait présager qu'elle accoucherait le lendemain. Aucun signe, aucun indice. Cela ne m'aide pas beaucoup.

Une autre me répond que quelques jours avant, elle a été prise de l'envie irrésistible de ranger. Comme si tout devait être en ordre pour l'arrivée du bébé. Intéressant comme indice, mais étant donné notre déménagement à l'étranger, je suis déjà dans cet état d'esprit depuis des semaines !

Ma troisième amie me parle de la perte du bouchon muqueux et d'un autre signe qui attire toute mon attention. Peu avant son accouchement, elle a senti que son corps était en « surchauffe ». Et littéralement, elle avait plus chaud. Comme si son organisme était un chaudron qui, après neuf mois à petit feu, arrive enfin à ébullition. Cela me fait aussi penser à une locomotive à vapeur. Pendant des mois, le foyer de la chaudière a été alimenté en charbon. L'eau portée à ébullition se transforme maintenant en vapeur et permet la mise en mouvement du train. Et en voiture pour l'accouchement !

Je trouve ce signe intéressant, même s'il n'est pas dit que je le ressente. Une grossesse et ses sensations, c'est avant tout très personnel. D'autres amies m'ont aussi parlé de l'influence de la lune sur les accouchements. Il suffit de regarder quelle était la phase de la lune lorsque je suis tombée enceinte et de voir à quelle date proche de mon terme on retrouve cette phase de lune. Manque de chance, me concernant, il n'y avait pas de lune lors de la conception ! Si je regarde le calendrier lunaire du mois de novembre, la lune n'est plus visible avant la date de mon terme mais après l'arrivée de Maxime, ce qui me convient parfaitement.

Bien sûr, personne ne peut prévoir la date d'un accouchement, ni vous, ni le médecin. Excepté s'il est déclenché, comme dans le cas d'une césarienne programmée. C'est ce qui en fait tout le charme, mais peut aussi lui donner un caractère un peu inquiétant car imprévisible.

Une nuit, je rêve que j'accouche. Je me réveille en sursaut, avec une douleur dans le ventre, telle une déchirure violente. Alors que je reprends mes esprits, je me demande si c'est une douleur réelle qui m'a réveillée. Fausse alerte, ce n'est qu'un rêve.

Plus que trois jours avant l'arrivée de Maxime. Pourvu que ça tienne !

J'ai rendez-vous ce matin avec Isabelle, ma sage-femme, pour faire un monitoring. Le principe est d'écouter le cœur du bébé pendant environ une heure afin de voir si tout va bien, notamment s'il supporte bien les contractions utérines. Bien évidemment, ce matin-là, je n'ai pas pris de Spasfon car il atténuerait l'intensité des contractions, leur nombre et donc fausserait le monitoring.

Je me réjouis de voir ma sage-femme et d'aborder avec elle les dernières interrogations que je peux avoir. Je suis allongée confortablement lorsqu'elle place sur mon ventre une ceinture qui maintient deux capteurs. L'un mesure les contractions utérines et leur intensité. L'autre le rythme cardiaque du bébé. Les deux mis en parallèle permettent de voir comment le cœur du bébé réagit aux contractions. Je dois aussi appuyer sur un bouton à chaque fois que j'ai une contraction. Tout se déroule parfaitement. Je me lève pendant l'heure, me baisse, me relève afin de déclencher quelques contractions car ce matin, je n'en ai pas beaucoup. Le monitoring est parfait !

Alors qu'Isabelle enlève la ceinture et les capteurs de mon ventre, j'ai une contraction très forte, similaire à celle que j'ai eu la veille dans la voiture, au retour de la maternité. Mon ventre devient dur comme du bois et ressemble à une carapace de tortue. La contraction dure encore et encore. Isabelle remet immédiatement le monitoring en marche et fixe à nouveau les capteurs. Le rythme cardiaque du bébé a chuté de 140 à 70. Puis il remonte en flèche à 160 une fois la contraction passée. Je la sens soucieuse. Elle ne parle pas. Concentrée, elle regarde attentivement les courbes imprimées sur le papier. Puis elle finit par dire :

— Le bébé n'a pas aimé cette contraction. Elle ne l'a pas aimé du tout. Elle a eu du mal à la supporter, d'autant qu'elle était très longue. Vous en avez souvent de la sorte ?

— Hier, j'en ai eu une au retour de la maternité. Du même acabit, mais encore plus forte et plus longue. J'ai senti qu'il y avait quelque chose qui n'allait pas pour mon bébé.

— Je ne vous cache pas que cela ne me plaît pas. Pour être transparente, si votre bébé ne supporte pas les contractions, c'est un motif de césarienne. Pouvez-vous retourner à la maternité faire un nouveau monitoring demain ?

— Oui, mais c'est à plus de quarante-cinq minutes en voiture. Et les routes sont tellement pleines de bosses et de trous que cela provoque des contractions. Je préfère prendre le moins possible la voiture, même si je suis accompagnée.

— Je comprends. Écoutez, vous allez rentrer chez vous. Si dans l'après-midi vous avez le même type de contraction, vous revenez me voir. J'ai de la place à 16h. Sinon, on se revoit demain pour faire un deuxième monitoring.

— C'est férié demain. Cela ne vous dérange pas de venir travailler ?

— C'est trop important. Je préfère qu'on refasse un monitoring pour vérifier. Je vous propose 11 h si cela vous convient. J'amènerai mes enfants. Ils joueront à côté. Mais nous serons tranquilles.

Je me sens bouleversée. Si Isabelle me propose de venir un jour férié, c'est qu'elle a vraiment des inquiétudes. Et puis je ne m'attendais pas à ce qu'elle évoque la césarienne.

— Nous n'avons pas du tout parlé de césarienne. Bizarrement, je ne me suis jamais imaginé que je pouvais avoir une césarienne !

— Cela nous donnera l'occasion d'en parler demain. Si vous avez des contractions fortes comme celle que vous venez d'avoir, allongez-vous sur la gauche. Cela devrait aider votre bébé.

— D'accord. Merci. Je vous tiens au courant si je reviens aujourd'hui, et sinon, on se voit demain à 11 h.

Je sors de son cabinet un peu sonnée. J'appelle Maxime pour le prévenir, puis je rentre à la maison chez mes parents. Il est près de 12 h quand j'arrive, et c'est à table, autour d'un déjeuner, que je partage le résultat du monitoring avec mes parents.

— Finalement, ce n'est pas plus mal que ce soit arrivé maintenant, dis-je. Il faut aussi que je me prépare à ce scénario.

— Oui, il faut se préparer à cette éventualité. Regarde, moi, pour ta sœur, j'ai eu une césarienne d'urgence. Tout se passait bien jusqu'à ce qu'il faille intervenir très rapidement car il y avait un risque pour le bébé, raconte ma mère.

— Je me souviens, poursuit mon père, j'attendais dans le couloir quand j'ai vu sortir ta mère de la salle d'accouchement, entourée de trois ou quatre personnes qui couraient en poussant le lit sur lequel ta mère était allongée. Je ne savais pas ce qui se passait. J'étais sacrément inquiet !

Je retrouve mon transat après le déjeuner et j'écris le reste de l'après-midi. Aucune contraction majeure, aussi je préviens Isabelle que je la retrouve le lendemain matin à son cabinet.

Nous sommes à J-2 du retour de Maxime ce matin du deuxième monitoring. Je fais la connaissance des enfants de ma sage-femme, deux gentils garçons. Ils jouent tranquillement à côté de la salle de consultation. Je m'allonge à nouveau et Isabelle met en route le monitoring.

— Comment allez-vous depuis hier ?

— Ça va.

Un silence, puis :

— En fait, ça va moyen. Je ne m'attendais pas au décrochage du cœur de mon bébé lors de la grosse contraction. Je ne me suis jamais imaginé que je puisse avoir une césarienne. Et pour être honnête, ça m'inquiète.

Plus je parle et plus mes paupières s'embuent.

— C'est important qu'on en parle, en effet. Je vais tout vous expliquer. Comme ça, vous connaîtrez le processus si jamais cela devait se produire, d'accord ?

J'opine de la tête.

— Bien. Il y a deux types de césarienne. Les césariennes programmées et les césariennes d'urgence. On programme une césarienne, par exemple, quand on sait que le bébé est trop gros par rapport au bassin de la mère, ou quand il est mal présenté. Dans ce cas, on fixe un rendez-vous à l'avance. L'accompagnant, votre mari ou votre mère vous concernant, peut être à vos côtés. On tend un champ opératoire, c'est-à-dire une sorte de drap au niveau de votre buste, relevé à la verticale, de telle sorte que vous ne pouvez pas voir ce que fait le chirurgien. On vous anesthésie, puis une incision horizontale, à hauteur du pubis, est réalisée et permet de sortir votre bébé. On vous montrera votre enfant, mais c'est votre époux qui s'en occupera dans un premier temps en faisant du peau à peau. Vous, vous serez conduite en salle de réveil pendant deux heures où vous serez sous surveillance.

— D'accord. Et dans le cas d'une césarienne d'urgence ?

— La décision de faire une césarienne d'urgence est prise quand il y a souffrance fœtale, c'est-à-dire quand le bébé supporte mal l'accouchement. Typiquement, si son rythme cardiaque ralentit trop et à chaque contraction, on peut décider de faire une césarienne.

— Par exemple, si son cœur descend à 70 au lieu de 140, on me fera une césarienne ?

— Pas si cela n'arrive que sporadiquement et que le bébé récupère bien. Mais si son rythme cardiaque baisse régulièrement et qu'il a du mal à remonter, oui, on fera une césarienne. Si vous êtes sous péridurale, l'anesthésiste vous injectera une dose supplémentaire pour endormir totalement le bas de votre corps.

Elle fait une pause puis ajoute :

— Il faut savoir que dans le cas d'une césarienne d'urgence, généralement, l'accompagnant ne peut pas être à vos côtés.

— Vraiment ? Pourquoi ?

— Parce qu'on n'a pas le temps. On se donne quinze minutes pour sortir le bébé. C'est la raison pour laquelle, dans une situation d'urgence, on ne vous expliquera pas forcément tout dans le détail. La priorité, c'est votre bébé.

J'imagine la scène puis dis :

— C'est vraiment le scénario catastrophe ! C'est tout ce que je ne souhaite pas.

Ma voix tremble un peu.

— Bien sûr, ce n'est pas l'idéal, poursuit-elle,

mais il faut vous dire que tout le monde sera mobilisé pour vous et votre bébé. Si tout s'agite autour de vous, que le personnel court en tous sens, essayez de rester le plus calme possible. Respirez et parlez à votre bébé. Dites-lui ce qui est en train de se passer, qu'il va naître par voie haute et que tout va bien se dérouler, que vous vous réjouissez de faire enfin sa rencontre. Comme la situation sera stressante, le bébé va le ressentir. Il est donc important que vous vous concentriez sur le bébé et que vous lui parliez.

— D'accord. Je ferai de mon mieux pour rester calme et lui parler. Je croise tout de même les doigts pour que cela ne se produise pas. Mais je suis contente que l'on ait abordé le sujet. Je me sens à nouveau sereine pour mon accouchement, même si je dois avoir une césarienne. Le principal, c'est que le bébé aille bien *in fine.*

Je continue :

— Maxime rentre dans deux jours. J'aimerais bien qu'on puisse prévoir une dernière séance pour lui faire une piqûre de rappel. Particulièrement qu'on aborde la manière dont il peut m'aider dans la salle de travail, qu'on lui montre les gestes qu'il peut faire pour me soulager et également qu'on réaborde la césarienne.

— C'est une bonne idée. Fixons un rendez-vous.

J'ai encore de la place lundi ou mercredi matin. Que préférez-vous ?

— Lundi matin. Le plus tôt est le mieux car le terme approche.

— C'est noté.

Isabelle s'approche alors du monitoring et regarde les courbes tracées depuis une heure sur le papier.

— C'est parfait, me dit-elle. Tout va bien. Le monitoring est très bien. J'écris un rapide compte-rendu pour l'équipe soignante de l'hôpital et vous laisse partir !

Je rentre à la maison le cœur léger.

Quatrième partie

« Zorro est arrivé ! »[16]

Quelques heures seulement me séparent de Maxime. Je reste à la maison tandis que mon père se rend à la gare. J'aurais aimé être sur le quai pour accueillir mon mari, mais le voyage en voiture est trop éprouvant pour moi. D'autant que je force mes parents à rouler à moins de dix kilomètres à l'heure sur le chemin de pierre lorsque je suis dans la voiture. Quinze minutes pour faire deux kilomètres, il faut avoir du temps !

Dans moins d'une heure trente, ils seront là. Après plus de trois semaines de séparation, je brûle d'impatience de retrouver Maxime. Certes, je l'ai quasiment eu tous les soirs au téléphone et j'ai pu lui montrer mon ventre s'animer, mais rien ne vaut sa présence physique. Lorsque je vois la

16. Henri Salvador, « Zorro est arrivé », *Rigolo*, 1964.

voiture descendre le chemin, je me précipite dehors. En vérité, « précipiter » est un bien grand mot. Disons plutôt que je marche du pas le plus vif qu'il m'est possible. Maxime m'aperçoit et est surpris de la taille de mon ventre qui a bien grossi ces dernières semaines. Il semble que les vidéos journalières n'aient pas rendu justice à mes rondeurs ! Toujours est-il que nous sommes ravis de nous retrouver et mes parents soulagés qu'il soit à mes côtés. À présent, c'est certain, il sera avec moi le grand jour !

Mon accouchement est prévu dans onze jours. Mais comme, a priori, selon l'obstétricien, je n'irai pas jusqu'au terme, il était préférable que Maxime arrive un peu avant. L'idéal serait que j'accouche dans trois à quatre jours, qu'il ait le temps de se reposer et de profiter du soleil généreux en ce début de mois de novembre.

J'espère en effet accoucher avant le terme car mon mari doit repartir dans trois semaines. Plus j'accoucherai tard et moins il pourra profiter de sa fille. Mais comme dit précédemment, on ne choisit pas la date de naissance de son enfant !

Deux jours après son arrivée, nous nous rendons à notre rendez-vous avec Isabelle. Elle nous accueille d'un grand sourire. Elle est ravie de voir Maxime. Allongée sur le fauteuil d'examen, je passe un dernier monitoring de contrôle d'une petite demi-heure, puis nous montrons à Maxime comment il peut m'aider en salle de travail. Où et comment il peut me masser pour soulager la douleur, les positions d'accouchement et notamment celle sur le côté. Enfin, nous parlons de césarienne. L'heure s'est écoulée très rapidement.

— Une dernière chose, dit Isabelle. Si la veille du terme vous n'avez pas accouché, il faut appeler l'hôpital. Ils vous donneront un rendez-vous le lendemain, donc le jour du terme, pour vérifier que tout va bien.

— Je ne pense pas que nous serons dans ce cas-là, dis-je, mais sait-on jamais, en effet.

Après avoir posé nos dernières questions, nous prenons congé et laissons Isabelle à ses autres patientes. Sur le seuil de la porte de son cabinet, elle nous souhaite bonne chance. Cela me fait tout drôle de me dire que la prochaine fois que je la verrai, ce sera pour des soins post-accouchement. À présent, Maxime et moi avons le même niveau de connaissance et nous sentons tous deux fin prêts. Le bébé peut montrer le bout de son nez !

Les jours défilent et rien ne se passe. Maxime se plonge assidûment dans la lecture du livre de Laurence Pernoud, *J'attends un enfant*[17]. Je l'entends parfois s'exclamer et le voit prendre des notes. Il a l'air de trouver tout cela passionnant ! De mon côté, j'écris quasiment toute la journée, et nous la ponctuons d'une grande balade dans la campagne puis d'une tasse de thé fumante. Huit jours sont déjà passés depuis son arrivée et aucun signe particulier n'annonce la venue du bébé. Au fond de moi, je suis partagée. J'ai hâte de voir ma fille et en même temps, je la sais en sécurité, bien au chaud dans mon ventre. Et puis j'aime mon ventre. Il a mis neuf mois pour prendre cette forme, et en quelques heures, il va redevenir plat. C'est un sacré changement, et peut-être n'en ai-je tout bonnement pas très envie.

Un soir, après le dîner, alors que je suis allongée dans mon fidèle transat, les mains sur mon ventre, Maxime me rejoint au coin du feu. L'atmosphère est calme et chaleureuse. Seuls les crépitements du bois dans le poêle viennent rompre le silence. Puis ma voix :

— Tu sais, peut-être que je n'accouche pas car, au fond, je suis bien ainsi. La vérité est que je n'ai pas envie de perdre mon ventre et de ne plus sentir

17. Laurence Pernoud, *op. cit.*

bouger notre fille. C'est tellement extraordinaire toutes ces sensations. C'est difficile de me dire que bientôt, tout sera fini.

Maxime se rapproche de moi et pose sa main sur mon ventre. Je suis très émue et des larmes roulent sur mes joues.

— Je comprends. Mais je serai très content de la rencontrer bientôt. Chaque chose en son temps et un temps pour chaque chose. Il y a le temps de la grossesse, puis celui de la naissance.

— Oui, dis-je. « *Tout arrive dans la vie à son heure.* » [18]

Les minutes s'écoulent, nos mains enlacées, nos yeux contemplant le feu. Ce soir-là, je fais le deuil de mon ventre et de ces neuf mois merveilleux de grossesse. Je suis prête à accueillir notre enfant.

Malgré tout, le bébé ne vient toujours pas. Tous les soirs, nous nous couchons en nous demandant si ce sera pour cette nuit. Et nos journées commencent avec l'espoir d'une naissance prochaine. Mais rien. Nos balades quotidiennes deviennent plus sportives et plus longues et je passe moins de temps allongée. Après avoir demandé à ma fille de rester dans mon ventre jusqu'à ce que son père soit à mes côtés, je l'invite maintenant tous les jours

18. Barbara, « Veuve de guerre », *Barbara à l'Ecluse*, 1959.

à nous rejoindre. Je lui dis à quel point elle est attendue, notre impatience de la voir bientôt. Aux paroles, j'ajoute quelques granules d'homéopathie pour assouplir et préparer le col. Maxime ne dort plus que d'un œil et dès que je m'agite un peu la nuit ou qu'il m'entend faire de profondes inspirations et expirations suite à des contractions, il me demande si tout va bien, la voix pleine d'excitation, prêt à enfiler des vêtements et sauter dans la voiture en direction de la maternité.

Lorsque vous êtes prêts à accueillir votre bébé mais que ce dernier n'a pas l'air décidé à naître, les journées semblent un tantinet longues et monotones. Un matin, je décide d'entreprendre une longue balade à travers champs avec ma mère. Nous partons une bonne heure et demie. Il a plu la veille. La boue colle aux bottes et monter tout en haut du champ fraîchement labouré est assez sportif, à trois jours du terme. Après ce grand bol d'air frais, je poursuis la journée en faisant un tour de 4x4. Inutile de préciser que je ne demande pas à ma mère de rouler à dix kilomètres à l'heure sur le chemin de pierre. Rentrée à la maison, je balance mes hanches de gauche à droite et de droite à gauche. Mais tout ceci n'a pas l'air d'avoir la moindre influence sur ma fille, toujours bien dans mon ventre. La veille du terme, je me résigne à appeler l'hôpital. Diable, jamais je n'aurais pensé avoir à passer cet appel !

— Bonjour, je vous contacte car je suis censée accoucher demain et je n'ai aucun signe particulier de début de travail.

— D'accord. Alors on fixe un rendez-vous afin de vous ausculter et voir si tout va bien.

— Et si tout va bien, que se passe-t-il ensuite ?

— Si le monitoring est bon et le col fermé, on vous demande de revenir deux jours plus tard pour faire les mêmes vérifications.

— Et si deux jours plus tard rien n'est advenu, on recommence ?

— Oui, c'est tout à fait cela.

— Mais il y a bien un moment où l'accouchement est déclenché, non ?

— C'est à voir avec le médecin.

— D'accord. J'espère ne pas être dans ce cas.

— Je vous propose de venir demain à 10 h. Cela vous convient ?

— Parfait.

— Présentez-vous au service de la maternité et vous serez prise en charge.

— C'est noté. À demain alors.

— À demain !

Le soir tombe. Je ne peux m'empêcher de penser aux paroles de l'obstétricien qui disait que je n'arriverai pas au terme. Pourtant, nous y serons demain ! On ne contrôle décidément rien dans une grossesse. J'espère tout de même ne pas tarder à accoucher, car Maxime va finir par ne voir sa fille qu'une paire de jours si je n'accouche pas très vite.

Au moment de me coucher, je m'aperçois que je suis en train de perdre le bouchon muqueux. Je suis ravie ! Ce n'est peut-être pas pour ce soir mais mon corps se prépare, semble-t-il. La nuit passe, et au petit matin, j'ai des contractions. Rien d'inhabituel, à part que celles-ci sont un peu différentes. Elles ne sont pas beaucoup plus douloureuses, mais elles sont plus « profondes ». Maxime me questionne sur mes sensations que j'essaie de lui décrire le plus précisément possible. Il relève sur un papier les horaires de chaque contraction. Puis nous nous levons et nous préparons pour nous rendre à notre rendez-vous à l'hôpital.

Au petit-déjeuner, nous croisons ma mère. Je la préviens de ce que je ressens. Et nous partons. La valise pour notre séjour à la maternité est depuis longtemps dans la voiture. Aujourd'hui, nous y rajoutons nos affaires de toilette au cas où nous ne rentrions pas. Qui sait ?

La fuite !

Une fois à l'hôpital, nous sommes accueillis par la sage-femme que j'ai eue la veille au téléphone, ainsi que par un maïeuticien, ou sage-femme homme, Aurélien. C'est le seul homme à exercer la profession de sage-femme ici, alors on ne risque pas de l'oublier. L'atmosphère est détendue dans cette maternité et il a l'air d'y avoir une bonne ambiance. Tandis qu'on m'ausculte, Aurélien nous explique le fonctionnement de la maternité. Chaque jour et chaque nuit, le personnel soignant est divisé en deux équipes. Une qui accueille les patients, comme nous aujourd'hui, et s'occupe des femmes qui ont déjà donné naissance à leur bébé, et l'autre qui s'occupe des accouchements.

Me concernant, j'ai de belles contractions mais encore irrégulières. Rien qui annonce un début de travail. Le monitoring est bon et la quantité de liquide amniotique est suffisante. Le bébé est en pleine forme. Je suis donc autorisée à rentrer à la maison. Un nouveau rendez-vous m'est donné deux jours plus tard.

C'est quelque peu dépités que nous quittons la maternité. Décidément, notre fille ne veut pas quitter mon ventre ! Nous décidons de ne pas rentrer tout de suite mais de profiter d'être en ville pour faire quelques courses. Nous pensons même aller au cinéma. Peut-être adviendra-t-il quelque chose dans l'intervalle ! Nous nous rendons dans un magasin de puériculture, passons commande et remontons dans la voiture. Tandis que je prends place, j'ai littéralement la sensation qu'un barrage s'effondre. Et c'est exactement ce qui est en train de se passer : je perds les eaux ! Je suis trempée. Je mets alors une serviette sous mes fesses et j'appelle la maternité. Il est 11 h 30.

— Rebonjour. Je suis venue à 10 h car c'est aujourd'hui le jour de mon terme.

— Oui, que se passe-t-il ?

— Je pense que je suis en train de perdre les eaux.

— Vous perdez beaucoup de liquide ? De quel couleur est-il ?

— Difficile à estimer… Ce que je sais, c'est que j'ai une protection périodique et qu'elle fuit.

Quant à la couleur, impossible à dire. Je suis sur le parking d'Auber et n'ai pas accès à des toilettes.

— Il faut revenir à la maternité. On va vérifier qu'il s'agit bien de liquide amniotique et que la poche des eaux est rompue.

— Très bien. Est-ce que j'ai le temps de faire une dernière course ?

— Vous avez mal ?

— Non. Aucune douleur.

— Si votre course est rapide, faites-la, mais venez après immédiatement. Il y a un risque que le travail débute à tout instant maintenant.

— Je fais vite et j'arrive. À tout de suite !

— À tout de suite !

Je me rends maintenant chez Orchestra, le derrière trempé, caché par mon pull long. Je récupère, dans un calme olympien, les affaires commandées puis nous retournons à la maternité. Sur le chemin, Maxime me demande si je souhaite mettre le CD de musique douce spécialement apporté pour mon accouchement, mais cela ne me semble pas utile. J'ai certes des contractions, mais complètement gérables à ce stade. J'ai beau lui dire que tout va bien, que nous ne sommes pas à deux minutes près, je l'entends pester contre les voitures qui n'avancent pas et démarrer en trombe à chaque feu. Le plus anxieux des deux, c'est lui.

Nous sommes à nouveau accueillis à la maternité par la même équipe :

— Eh bien, finalement, c'est peut-être pour aujourd'hui ! nous dit Aurélien.

— Oui ! dis-je dans un sourire. Nous avons bien fait de ne pas trop nous éloigner de la maternité.

— On va vérifier cela. Venez, suivez-moi.

Nous retournons alors dans la même salle d'examen et je m'allonge de nouveau sur le fauteuil. Aurélien utilise une bandelette pour vérifier si le liquide que je perds est bien du liquide amniotique. Quelques minutes après, le résultat apparaît : c'est bien cela.

— On ne vous laisse plus sortir ! Vous allez passer la nuit avec nous, me dit-il en souriant.

— Très bien. Est-il possible d'avoir une chambre où je serai seule ? Je sais que vous n'en avez pas beaucoup. Et j'aimerais que mon mari puisse rester à mes côtés.

— Malheureusement, il n'y en a plus de disponible. Mais d'ici quelques heures, une chambre double, la cinq, devrait se libérer. Votre mari pourra rester avec vous cette nuit. Sauf si quelqu'un d'autre arrive et que toutes les chambres sont remplies. Pour le moment, si vous avez besoin de vous reposer, vous pouvez aller dans la chambre trois. Il y a déjà une maman et son bébé, mais vous pouvez vous allonger sur le deuxième lit. Maintenant, je vais vous poser une voie intraveineuse. Cela permet d'injecter rapidement des médicaments ou d'autres substances s'il y avait un problème.

Je tourne la tête tandis qu'Aurélien officie. Sans être trop douloureux, ce n'est pour autant pas très agréable. Le poignet de mon avant-bras gauche est maintenant couvert d'une large compresse et d'un sparadrap pour éviter d'arracher la voie intraveineuse.

— Est-ce que je peux sortir de l'hôpital ?

— Non, vous devez rester ici, répond Aurélien.

— Mais je n'ai pas le droit d'aller marcher dehors ?

— Si, bien sûr ! Mais vous n'avez pas le droit par exemple de prendre votre voiture pour aller déjeuner dans un restaurant en ville. Vous devez rester dans l'enceinte de l'hôpital.

— Très bien. Pour l'heure, nous allons déjeuner à la cafétéria du rez-de-chaussée.

— Bon appétit, à tout à l'heure !

— Merci !

Lorsque j'ouvre la porte de la chambre trois, je devine dans la pénombre une maman et son bébé. Il est plus de 13 h 30 et les volets sont fermés. Je pose simplement quelques affaires sur le lit et sors immédiatement pour ne pas troubler son repos. Je n'ai de toute manière aucune envie de m'allonger, mais plutôt de marcher.

Nous nous dirigeons vers la cafétéria puis je reviens sur mes pas, à la recherche d'Aurélien.

— Aurélien, est-il possible d'avoir des protections périodiques ? Car je continue de perdre du liquide amniotique.

— Bien sûr. Je vous donne ça.

Il me tend alors des sortes de rectangles de coton très épais et très longs. Avec ça, je suis bien équipée !

Attablés devant un bœuf bourguignon accompagné de riz, nous déjeunons, sourire aux lèvres. Nous n'arrivons pas encore à réaliser que dans quelques heures, nous tiendrons notre bébé dans nos bras ! Nous nous sentons très heureux. Nous prévenons nos parents respectifs de mon hospitalisation, puis décidons d'aller nous balader aux alentours de l'hôpital. J'y ai vu un peu de verdure et marcher ne peut m'être que bénéfique. Il y a en effet un coin de bois qui longe le parking. C'est parfait. Il fait beau et la température est douce pour la mi-novembre. Je porte simplement un T-shirt et un pull léger en laine. Je fais les cent pas au bras de mon homme. Pour un peu, on croirait à une balade du dimanche ! Le tableau de Seurat, *Un dimanche après-midi à l'île de la Grande Jatte*[19], me vient d'ailleurs à l'esprit.

J'ai régulièrement des contractions assez fortes et longues. Toutes les dix minutes. À chaque contraction, je m'assois sur un banc afin qu'elles appuient bien sur le col, ou je me mets en position accroupie. Une chose est certaine, je respire profondément. La perte des eaux se poursuit en fonction de l'intensité des contractions. Je continue de marcher ou de faire des mouvements de hanches.

Maxime s'est assis sur le banc et lit un livre, tout en me surveillant du coin de l'œil. Il me demande de ne pas trop m'éloigner. Aux alentours de 17 h 30, le soleil pâlit. Il est temps de prendre... l'apéritif ! Je vais jusqu'à la voiture et reviens avec notre paquet de bretzels. Nous fêtons l'arrivée prochaine de notre bébé en regardant le soleil se coucher. Il est à présent temps de remonter au service de la maternité.

Je passe un nouveau monitoring pour s'assurer que le bébé va toujours bien. Puis nous prenons possession de nos quartiers, c'est-à-dire de la chambre double occupée, pour l'heure, par Maxime et moi. Nous partons dans un fou rire lorsque nous voyons l'état du fauteuil rouge dans

19. Georges Seurat, 1884-1886.

lequel Maxime est censé dormir. L'assise est déchirée à plusieurs endroits et le siège ne se baisse que partiellement. Heureusement que nous avons pris un matelas gonflable et un sac de couchage, histoire qu'il puisse dormir correctement. Il n'y a décidément pas que les routes qui soient en mauvais état dans cette région !

« Sésame, ouvre-toi ! » [20]

La sage-femme de nuit frappe à notre porte et vient se présenter. Elle s'appelle Audrey. Elle est vive et très gentille. Je lui demande si elle peut m'examiner afin de voir l'effet des contractions de la journée sur le col.

— Je peux vous examiner si vous y tenez, mais il ne vaut mieux pas. La poche des eaux est rompue. Il y a donc un risque d'infection, d'où l'antibiotique qu'on vous demande de prendre ce soir et demain matin. J'attendrais encore un peu si j'étais vous.

— Très bien. Attendons alors !

Elle fixe alors le monitoring sur mon ventre et baisse le son de l'appareil afin que nous ne soyons pas trop importunés et puissions trouver le som-

20 « Ali Baba et les Quarante Voleurs », *Les Mille et Une Nuit*, traduction Antoine Galland, 1701.

meil. Je prends mon dîner et Maxime descend acheter un sandwich à la cafétéria. Puis nous nous couchons, histoire de dormir quelques heures si jamais j'accouchais cette nuit. Les contractions sont toujours présentes et fortes. Je respire calmement et j'arrive à m'endormir. Je me réveille aux alentours de minuit, du fait de la douleur. Si bien que je commence à avoir des nausées. Je demande à Maxime de m'aider. J'ai vu qu'il y avait dans la salle de bains, sous le lavabo, une sorte de bassine en forme de poire. Maxime sait qu'il faut aller vite. Je le vois alors se précipiter à la recherche du récipient et le déposer près du lit au cas où je serais malade. Dans le même temps, je mets mes écouteurs dans les oreilles et j'écoute Camille en respirant profondément et en me concentrant sur ma respiration. J'ai vraiment très envie de vomir. Puis après quelques minutes, cela s'atténue. On a frôlé la catastrophe !

La sage-femme passe un peu plus tard et me propose de « faire un peu de ballon ». Je m'assois alors sur un gros ballon gonflable. Ce dernier couine à chaque mouvement de hanche. J'ai l'impression que je vais réveiller tout le service ! Maxime se recouche, mais avec le bruit que je fais, je doute qu'il puisse trouver le sommeil. À 6 h du matin, Audrey, toujours fraîche et en forme malgré la nuit de travail, passe à nouveau voir comment je vais. Le changement d'équipe ayant lieu à 7 h, elle propose de m'examiner.

— Bien. Le col est complètement effacé et la dilatation est à trois. C'est bien !

— C'est tout ? dis-je un peu déçue. Je pensais que le col serait plus dilaté.

— Cela prend du temps, c'est normal.

Elle s'approche du monitoring et regarde les courbes puis annonce :

– C'est parfait. Vous avez de jolies contractions régulières. Et votre bébé va bien.

— C'est le principal !

— Bientôt, continue-t-elle, je vais être remplacée par une autre sage-femme. L'équipe de jour va prendre le relais. J'ai regardé qui était en salle d'accouchement aujourd'hui et c'est Agathe. C'est quelqu'un de super.

— Merci. Je suis contente. Ça me rassure de me dire que je vais être bien accompagnée.

— Oui, elle est vraiment bien, n'ayez aucune inquiétude, poursuit-elle. Quant à moi, je vous souhaite bonne chance !

— Merci pour toute votre aide durant la nuit. Bon repos !

— Merci.

Audrey part. Le petit-déjeuner est à présent

servi et une nouvelle sage-femme, Hélène, vient se présenter. Elle est un peu plus âgée qu'Audrey et plus petite. Ses cheveux courts sont teints dans une couleur foncée et contrastent avec ses sourcils très blonds. J'alterne la position assise sur le ballon et allongée dans le lit. Il est 8 h du matin et je commence à être un peu lasse. Maxime me dit alors :

— Tu dégages de la grâce !

Il dit toujours cela lorsque la fatigue marque mon visage, et je trouve cela très poétique. La douleur s'intensifie et j'ai à nouveau de très fortes nausées. Cette fois-ci, je n'arrive pas à les maîtriser et suis malade. Nous appelons la sage-femme qui prend ma tension, vérifie le monitoring et m'examine. Puis nous discutons un peu. Tout comme Audrey, elle a lu mon projet de naissance et essaie de m'accompagner au mieux dans mon souhait de ne pas poser tout de suite de péridurale. Elle me donne de l'homéopathie pour accélérer le travail, et à 10 h, après être intervenue manuellement, le col est dilaté à six.

J'ai lu quelque part qu'à partir de six, le col s'ouvrait beaucoup plus rapidement. Cela me redonne un peu d'énergie. Il ne devrait plus y en avoir pour très longtemps. Hélène me demande ce qui me ferait plaisir de manger car je n'ai plus rien dans le ventre. La compote est la seule chose qui ne me dégoûte pas trop. On m'en apporte, accompagnée de petits gâteaux sablés et d'un thé. Après cette collation, je me lève, m'habille et Maxime et moi partons arpenter les couloirs de la maternité. Comme compagnon de marche, nous avons notre fidèle ballon, poussé par Maxime. Dès que j'ai une contraction, je m'assois dessus et je respire. Maxime me tient la main lorsque je le demande et donne en même temps des nouvelles à nos familles, notamment à la mienne, dans les starting-blocks. Les heures passent et les messages se succèdent : « *Pouvons-nous avoir des nouvelles ?* », « *Elle n'a toujours pas demandé de péridurale ? Elle ne se tord pas de douleur ?* ».

À un peu plus de 11 h, Hélène me propose de passer en salle de travail. Il y en a une nommée « nature » avec des sortes de lianes auxquelles se suspendre. Aurélien me montre comment les utiliser. J'essaie, mais cela ne me plaît pas trop. Je préfère arpenter la salle. Je commence à en avoir assez. Cela fait maintenant 24 h que j'ai perdu les eaux et que j'ai des contractions. Et pourtant, le personnel soignant compte un début de travail à partir d'une dilatation à trois. J'ai mal et j'aimerais que les choses s'accélèrent un peu. Je décide de marcher très vite, si bien qu'on dirait un lion en cage. Maxime me suit tant bien que mal pour positionner le ballon sous mes fesses à chaque contraction.

Cette salle n'est pas particulièrement chaleureuse. On y pratique des césariennes et il y fait froid. Je décide d'écouter de la musique et de chanter. Cela accélérera peut-être les choses. J'écoute « Ta douleur [21] » de Camille, « Laisse-moi te remplacer, je vais prendre ta douleur » et chante à tue-tête en dansant. Une interne passe, sourit en me voyant et repart.

Je dois être examinée à nouveau à 12 h 30, cette fois par Agathe, la sage-femme qui devrait m'accoucher. Elle vient nous chercher, me regarde assise sur mon ballon et se présente, avec un grand sourire :

— Bonjour, je suis Agathe. Je vais m'occuper de vous. Je vous amène dans une autre salle où vous accoucherez.

Agathe est une femme d'une cinquantaine d'années qui respire la bonhomie. Elle est plutôt petite avec de jolies formes, des cheveux courts aux épaules, de couleur châtain foncé, l'œil vif et rieur.

— Depuis quand faites-vous du ballon ? m'interroge-t-elle.

— Depuis minuit trente, répond Maxime, plus rapide que moi.

21. Camille, « Ta douleur », *Le Fil*, 2005.

Elle jette un œil au ballon qui a perdu un tiers de son air, puis dit :

— Bien. Cela suffit. Il faut vous reposer, vous êtes fatiguée. Suivez-moi.

Nous entrons dans une salle baignée de soleil, très agréable. Je m'allonge, elle branche le monitoring et propose de m'examiner. Le col est ouvert à sept.

— Tout se déroule parfaitement bien, nous dit-elle.

— C'est long. Le travail... c'est long. Ça prend un temps fou avant que le col s'ouvre complètement.

— Oui, mais c'est tout à fait normal pour un premier accouchement et sans péridurale en plus.

Elle me regarde, marque une pause puis continue :

— J'ai lu votre projet de naissance. Comment vous sentez-vous par rapport à la douleur ?

— J'ai mal bien sûr, mais ça va encore. Je ne suis pas du tout contre la péridurale, mais j'arrive pour le moment à tenir sans. En revanche, est-ce qu'il y a un moment où je ne pourrai plus la demander ?

— Ne vous inquiétez pas, si vous la demandez, on vous la mettra, d'accord ? Pour le moment, vous allez vous reposer un peu. Vous êtes bien installée ? Vous vous sentez bien ?

— Oui, ça va. Il fait beaucoup plus chaud dans cette salle. Et c'est bien plus lumineux.

Aurélien entre dans la pièce, tout content de nous annoncer la nouvelle :

— J'ai une chambre simple pour vous ce soir et pour la durée de votre séjour à la maternité !

Maxime et moi sommes ravis.

— Merci beaucoup, c'est super !

Aurélien et Agathe s'apprêtent à quitter la salle. Au moment de franchir le seuil, Agathe se retourne vers nous et dit :

— Je reviens d'ici une ou deux heures vous réexaminer. En attendant, essayez de dormir tous les deux.

Nous ne nous faisons pas prier. À dire vrai, nous sommes complètement sur les rotules. Maxime, assis dans un siège à mes côtés, s'endort. Moi de même, bercée par les battements du cœur de mon bébé que j'entends grâce au monitoring. Je sens la chaleur du soleil sur mes jambes, mon ventre, mes bras et mon visage. J'ai la sensation d'être une batterie en charge et cela me fait un bien fou ! Souvent, la douleur me réveille. Je regarde alors les courbes du monitoring, et notamment celle du cœur du bébé pour voir si ma fille supporte bien la contraction. Rassurée, je me rendors.

Vers 14 h 30, Agathe passe nous voir. Le col est ouvert à huit. Ma famille prend des nouvelles par le biais de Maxime. Ma grande sœur, via messagerie instantanée, s'exclame alors :

— Je le savais, ce sera pour le goûter ! Comment va-t-elle ? Toujours pas de péridurale ?

— Non, toujours pas, répond Maxime. Elle se repose tranquillement. La salle d'accouchement est inondée de soleil.

— Je ne comprends pas comment on peut « se reposer tranquillement » alors qu'on est assaillie de contractions ! Ça fait un sacré paquet d'heures maintenant !

— Effectivement, mais elle tient le coup.

Durant les cours de préparation à la grossesse, on vous montre comment respirer pendant le travail. Il faut prendre une inspiration profonde, au maximum de sa capacité respiratoire puis expirer tout doucement, comme si on voulait faire vaciller la flamme d'une bougie sans pour autant l'éteindre. La respiration permet d'oxygéner tous les muscles et donc l'utérus. Néanmoins, pour qu'il y ait un bénéfice, il faut souffler le plus longtemps possible. Je me souviens des mots de ma sage-femme : « *Toujours faire les choses le plus lentement possible en étant concentrée.* »

Tournée maintenant sur le côté droit, je ferme les yeux. Je respire de manière très calme et profonde. Mais quelque chose a changé. J'ai mal bien sûr, mais c'est comme si je « planais » au-dessus de ma douleur. Comme si j'étais au-dessus d'elle, sur un balcon, et que je la regardais. Je continue de souffler lentement, mais c'est maintenant un très fin filet d'air, à peine perceptible et inaudible, qui sort de mes lèvres entrouvertes. Une inspiration et une expiration suffisent à couvrir la durée de la contraction. Je me sens parfaitement bien, en pleine conscience de ce qui se passe dans mon corps, en pleine conscience de ma respiration. J'ai l'impression de maîtriser la douleur, de l'avoir domptée. Ou plutôt, devrais-je dire, de l'avoir apprivoisée. Elle est ma compagne depuis des heures, je la connais bien. Je ne vais pas contre elle. Non, surtout pas. Je lui donne plutôt la main. Je l'accepte mais ne la laisse pas me dominer. Juste m'accompagner. Je m'imagine marcher dans une forêt et résonne en moi le poème de Baudelaire « Correspondances », dont les premiers vers sont : *« La Nature est un temple où de vivants piliers laissent parfois sortir de confuses paroles. »* Ce poème est pour moi une invitation à être attentif à ce qui se passe en nous et autour de nous, les sens en alerte. Je m'imagine marcher dans cette forêt où « *les parfums, les couleurs et les sons se répondent* »[22]. Je respire. Je suis en harmonie avec ma douleur.

Agathe est entrée à pas de loup dans la salle d'accouchement. Elle me regarde respirer.

— C'est bien, me dit-elle doucement. Votre respiration est parfaite. Continuez ainsi.

Puis elle repart s'occuper d'autres accouchements.

Après avoir supputé que le bébé naîtrait pour l'apéritif de midi, puis pour le goûter, ma famille mise maintenant sur l'apéritif du soir !

Il est plus de 17 h et je ne me sens pas bien. Nous appelons Agathe à la rescousse.

— Que se passe-t-il ?

— Je ne me sens pas bien. Pas bien du tout. Je me sens tellement faible ! Je n'ai plus de force.

Agathe regarde le monitoring, toujours impeccable, puis prend ma tension.

— C'est normal. Voilà quasiment douze heures que vous êtes en travail. Je vais vous donner quelque chose qui va vous faire du bien.

Je la vois prendre un sachet rempli d'un liquide transparent.

---

22. Charles Baudelaire, « Correspondances », *Les Fleurs du Mal*, 1857.

— C'est du glucose, nous dit-elle.

Elle m'en assène aussi directement dans la voie veineuse posée par Aurélien la veille. Je sens le produit passer dans mes veines tandis qu'elle appuie sur le poussoir.

— Vous allez maintenant vous mettre sur le côté gauche. Vous, Monsieur, voici comment vous pouvez soulager votre femme. Lorsqu'elle a une contraction, vous appuyez ici. Vous voyez ? Juste ici.

Maxime, debout à ses côtés, regarde attentivement.

— Allez-y, essayez, lui dit-elle.

Il ne s'y prend pas aussi bien que la sage-femme. Mais à la contraction suivante, c'est un peu mieux.

— Je reviens vous voir d'ici une demi-heure, dit Agathe. Ça va aller ?

— Oui, je crois.

— Si ça ne va pas, appuyez sur le bouton rouge, d'accord ?

— D'accord, répondons-nous d'une même voix.

Maxime tente de me soulager comme il le peut. Je le guide aussi calmement que possible. Mais lorsqu'il appuie à côté, cela m'énerve.

— Plus haut, plus haut, vite, vite, j'ai une contraction !

— Ici ?

— Non, plus bas. Et maintenant appuie plus fort !

— J'appuie de toutes mes forces !

— Ce n'est pas assez fort, appuie plus fort ! dis-je d'un ton péremptoire.

Lorsque Agathe revient une demi-heure après, j'ai une énergie folle et Maxime n'a plus de force dans le bras.

— Agathe, c'est bon, je peux accoucher ! Je suis en super forme, lui dis-je, toute guillerette.

Elle sourit.

— Je vois que le glucose a fait effet !

— C'est un produit miracle ! Je me sens tellement mieux.

— Vous permettez que je vous examine ? Alors… alors. Bon, ça n'avance pas beaucoup… Votre fille a la tête tournée vers le ciel au lieu d'être tournée vers le sol. Et elle a le menton décollé du buste. C'est pour cela que c'est si long.

— Qu'est-ce que je peux faire ?

— Vous pouvez essayer de vous mettre à quatre pattes.

— Je vais aussi lui parler.

Me voilà donc à quatre pattes, par terre, à parler ainsi à ma fille.

— Allez, ma chérie, tourne-toi et colle ton menton à ton buste. Vas-y, tu peux y arriver ! Allez, un petit effort. Il faut que tu colles ton menton à ton buste et que tu te tournes. Colle ton menton à ton buste. C'est bien ma chérie, continue comme ça.

Je répète en boucle ces phrases encourageantes.

J'ai maintenant très envie d'aller aux toilettes, mais ne me sens pas capable de sortir de la salle d'accouchement. Lorsqu'une dame me ramène une bassine en forme de poire, je souris franchement ! Ce n'est pas une bassine pour vomir, mais une bassine pour uriner ! D'où sa forme allongée.

Agathe revient me voir et m'examine à nouveau.

— Bien. Elle regarde toujours vers le ciel, mais sa tête est penchée vers son buste.

— Alléluia ! Elle m'a entendue !

Le soleil s'est couché et il est à présent 19 h. L'équipe de nuit ne va pas tarder à arriver. Je suis très déçue, car il est évident maintenant que je n'accoucherai pas épaulée d'Agathe. Déçue et quelque peu inquiète, à dire vrai. Qui donc va la remplacer ? Sera-t-elle aussi expérimentée ? Prendra-t-elle les mêmes décisions qu'Agathe aurait prises ?

Agathe est avec nous lorsque l'équipe de nuit vient se présenter. C'est un binôme composé d'une toute jeune femme, Émilie, sage-femme, et d'une auxiliaire puéricultrice, Anna, d'une quarantaine d'années. Émilie est une petite brunette très dynamique. Elle se propose de m'examiner :

— Je vais être plus sévère qu'Agathe, affirme-t-elle d'une voix enjouée. Je dirais que vous êtes à sept et demi et non pas à huit.

Mon sang ne fait qu'un tour. Déjà qu'elle paraît tout juste sortie de l'école, ce qui n'est pas pour me rassurer, si en plus elle m'annonce que la dilatation fait marche arrière, nos relations vont être compliquées : j'ai littéralement envie de lui tordre le cou !

Mon moral est au plus bas. Des heures et des heures que je suis en travail. Treize heures exactement, si on compte un début de travail à partir d'une dilatation à trois. Et ça n'avance pas. Pire, ça recule ! Je leur fais part de mon ressenti :

— Je ne vais pas très bien. Je me sens complètement démoralisée. D'abord, je n'ai pas envie de changer d'équipe. Je voulais accoucher avec Agathe et ce ne sera pas elle. Ne le prenez surtout pas mal, dis-je en m'adressant à Émilie et Anna. Ce n'est pas du tout contre vous, Mesdames. Simplement, vous êtes la troisième équipe que je rencontre et c'est dur de changer. Et ensuite, j'en ai assez ! Je suis fatiguée, j'ai mal et mon col ne s'ouvre plus depuis des heures !

Anna s'approche de moi et commence à me masser. Elle dégage une douceur incroyable. Chacun de ses gestes, précis et ferme, me fait un bien fou. Agathe s'adresse alors à moi :

— Écoutez, voici ce que nous allons faire. Anna va vous masser une trentaine de minutes. Anna, est-ce possible pour vous ? Êtes-vous OK ?

— Oui, bien sûr, répond-elle.

— Ensuite, reprend-elle, on peut vous injecter un peu d'ocytocine. Vous savez ce que c'est ?

— Oui, je sais. C'est une substance qui provoque des contractions et donc qui permet d'accélérer le travail. Mais j'ai entendu que les contractions étaient beaucoup plus douloureuses car elles n'étaient pas naturelles. Du coup, j'aimerais éviter.

— On attend encore un peu. Si rien ne bouge, Émilie vous en proposera à nouveau, d'accord ? On peut aussi vous donner un masque avec un gaz pour vous aider à mieux vivre la douleur. Il faut le coller sur votre bouche et votre nez. Je vous montre ?

J'opine du chef.

— Il faut le positionner ainsi. Voilà. Respirez maintenant.

Je fais une ou deux respirations faiblardes puis le retire. Je n'ai pas l'impression que cela m'ait fait grand-chose, si ce n'est la sensation de plonger avec des bouteilles. Je préfère l'air libre.

— Agathe, Émilie, si vous m'injectez de l'ocytocine et que cela provoque des douleurs insupportables, je pourrai encore demander la péridurale ?

— Oui, répond Agathe. Même à neuf de dilatation, on appellera l'anesthésiste.

— OK. Merci.

— Et on va faire une dernière chose si vous êtes d'accord. Vous avez encore beaucoup de liquide amniotique. Je vais percer cette poche, bien qu'elle ait déjà été rompue. Cela devrait aussi accélérer les choses.

J'avais entendu dire que percer la poche des eaux pouvait provoquer des contractions très douloureuses, mais je ne sens rien de particulier. Certainement parce que la mienne a été rompue la veille au matin. Néanmoins, le liquide amniotique se renouvelle en permanence jusqu'à l'arrivée du bébé. Dans tous les cas, je me sens beaucoup mieux. J'ai une ligne directrice. Et je connais les options à ma disposition. Tout va bien. Agathe nous quitte sur ces mots :

— Vous accoucherez aujourd'hui, avant minuit, c'est certain. Sinon, je change de métier ! dit-elle en riant. Il n'y en a plus pour très longtemps, continue-t-elle. Vous avez fait un travail extraordinaire jusqu'ici. Tenez bon ! Demain, je viendrai vous voir dans votre chambre et vous me présenterez votre bébé.

— D'accord Agathe. J'espère que ça va aller.

— Oui, tout va bien se passer, me répond-elle. Vous tenez le bon bout. Plus que quelques heures encore.

— À demain Agathe. Merci pour tout.

Comme elle me le racontera plus tard, Agathe passe voir le médecin de garde avant de rentrer chez elle.

— Il y a une jeune femme dans la deuxième salle d'accouchement. Premier bébé, accouchement naturel sans péridurale. Elle est en travail depuis plus de treize heures. Elle tient bien le coup. J'espère juste que cela ne va pas se terminer en césarienne d'urgence.

— Agathe, rentrez vite chez vous avant de nous porter malchance !

Elle rit.

— Très bien, je file !

Engagez-vous, qu'ils disaient !

Après m'avoir massée plus d'une demi-heure, Anna doit s'occuper d'autres femmes qui accouchent. Elle me laisse donc avec Maxime.

On dit que le col se dilate d'un centimètre par heure et plus rapidement à partir de six jusqu'à dix centimètres. Mais dans mon cas, cela prend des heures et des heures, parfois trois heures pour un centimètre de dilatation. Le temps passe. Émilie vérifie régulièrement le col qui continue de s'ouvrir à neuf puis à dix. Je n'ai plus de notion de temps précise car Maxime a arrêté de donner des nouvelles à ma famille malgré leurs demandes. Je lis plus tard les messages suivants : *« Il est temps de sortir ! »* écrit ma petite sœur. *« Le temps est très long, continue ma mère. Je vais donc meubler en vous donnant des nouvelles de ma machine à coudre qui est réparée. Cela devrait faire plaisir à la future maman.* » Son message, découvert le lendemain, me fait vraiment rire, et en effet plaisir ! Durant mon congé maternité, ma mère m'a enseigné quelques notions de couture et nous avons réalisé, ensemble, le sac à langer de ma fille.

L'absence de nouvelles est anxiogène pour eux. À 20 h 15, ma grande sœur écrit ainsi : « *Maxime, est-ce que tout va bien, vraiment ? Ça commence à m'inquiéter.* »

Mais Maxime ne répond plus. Nous sommes en train de vivre les heures les plus longues et les plus compliquées de mon accouchement.

Une fois le col effacé et dilaté à dix, le bébé doit « s'engager » dans le bassin. C'est un moment qui peut être difficile pour lui : autant le col est constitué de tissus mous et étirables, autant le bassin est fait d'os. Le bébé doit cheminer entre les hanches, le pubis devant, le rectum derrière et les deux os pointus sous les fesses. Je me rappelle les mots de ma sage-femme Isabelle : « *Lors de ce passage, le rythme cardiaque du bébé peut ralentir, mais cela reste temporaire et ne doit pas être source d'inquiétudes.* »

Il fait nuit depuis longtemps maintenant. Le bébé descend lentement dans le bassin. Cela fait quelque temps que j'ai très mal à gauche dans le bas du dos. Et je meurs d'envie d'aller aux toilettes. L'interne m'apporte la bassine en forme de poire qu'elle place sous mes hanches. Mais rien ne vient, ce qui me donne la sensation de ne plus rien contrôler dans mon corps. J'arrive tout de même à sourire quand elle me dit :

— Je vais ouvrir un robinet d'eau et le laisser couler. Cela aide parfois.

J'ai beau respirer et essayer de me décontracter, rien n'y fait. Je pourrais être à côté des chutes de Dettifoss en Islande, les plus puissantes d'Europe, cela ne changerait pas la donne. L'interne appelle donc Émilie qui me sonde. Le bébé, en descendant, comprime en effet la vessie et m'empêche d'uriner. Sous péridurale, les femmes sont automatiquement sondées car elles n'ont plus la sensation de devoir aller aux toilettes. Étant anesthésiées, elles ne sentent rien. Ce n'est pas mon cas. Sans être douloureux, ce n'est franchement pas très agréable.

Les heures passent. Quand minuit sonne, j'ai une pensée pour Agathe car je n'ai toujours pas accouché : elle est bonne à changer de métier ! Puis vient une heure du matin, deux heures, trois heures. Émilie ou Anna viennent tour à tour nous voir de temps à autre. Je leur demande alors de me tenir la main. Elles restent près de moi cinq minutes, puis repartent vite dans d'autres salles d'accouchement.

Le plus difficile est d'entendre leurs « poussez, poussez », puis le cri des bébés qui naissent dans les salles tout autour. Inutile de dire que ces femmes sont entrées en salle d'accouchement après moi et en ressortent avant moi. Maxime et moi nous sentons très seuls, un peu abandonnés, mis sur la touche. Nous ne comptons plus les heures, mais on s'approche des vingt-quatre heures de travail. Je suis épuisée et démoralisée. Quand Émilie et Anna passent à nouveau en coup de vent, Maxime les prend à partie :

— Il faut que vous vous occupiez de nous ! Ma femme est au bout du rouleau là.

— Je comprends, dit Émilie. Il nous reste un accouchement. Et ensuite, nous serons, Anna et moi, toutes à vous. Accordez-nous encore une demi-heure et nous ne vous quitterons plus.

Nous n'avons de toute manière pas le choix. Aux alentours de quatre heures, elles reviennent toutes les deux :

— Nous avons terminé, s'exclame Émilie d'un air triomphant. Vous êtes notre dernier accouchement.

— Le meilleur pour la fin ! dis-je d'une voix faiblarde sur le ton de la plaisanterie.

En moi-même, je prie pour qu'il n'y ait pas un

accouchement d'urgence qui arrive. J'ai vraiment besoin qu'elles restent à mes côtés maintenant.

Émilie m'examine. Il est un peu plus de quatre heures du matin et elle semble fraîche comme la rosée, la voix toujours enjouée. Elle prépare ses instruments tandis que je réclame à tue-tête :

— Du glucose, Émilie, s'il vous plaît, donnez-moi du glucose ! Je suis trop faible, je ne vais pas y arriver. Il me faut du glucose.

Elle m'en donne, mais m'explique qu'elle ne peut pas m'en administrer de trop grandes quantités. Je ressemble à une junkie qui a besoin de sa dose. Je suis tellement lasse ! Et j'ai peur de ne pas arriver à pousser. J'attrape la main d'Anna à son passage.

— Anna, vous pensez que je vais y arriver ? Je suis si fatiguée maintenant.

— Ne vous inquiétez pas, répond-elle en souriant. Vous allez y arriver. Et vous allez vous surprendre ! Vous avez en vous des réserves d'énergie que vous ne soupçonnez pas.

— Vous êtes sûre ? Cela fait si longtemps que je suis en travail. J'ai peur de ne pas avoir suffisamment de force. J'ai terriblement besoin d'être rassurée.

— Oui, je suis sûre. Je n'ai aucun doute là-dessus.

Je regarde Émilie et la questionne à nouveau :

— Vous m'avez bien donné du glucose, Émilie ? Suffisamment de glucose pour que je puisse pousser ?

— Oui, vous en avez suffisamment. Tout va bien se passer.

Émilie et Anna finissent tranquillement de se préparer et de me préparer. Émilie me sonde à nouveau pour laisser le plus de place possible au passage du bébé.

Cela fait neuf mois que Maxime et moi attendons ce moment-là. J'ai perdu les eaux l'avant-veille et quasiment vingt-quatre heures se sont écoulées entre le moment où la dilatation était à trois et maintenant. À présent, il est enfin l'heure de pousser et de faire naître notre enfant. Tout repose sur moi. J'ai sur les épaules une très grande responsabilité pour laquelle je ressens un mélange d'anxiété et d'excitation. Je me demande une dernière fois si je vais réussir puis laisse ce questionnement de côté. Il faut que j'y arrive. Je n'ai pas fait tout cela, je ne suis pas parvenue jusqu'ici pour ne pas y arriver. Je ferme les yeux et me concentre. J'imagine que je capte toute l'énergie qui m'entoure. Je la canalise en moi. Je respire calmement. Mon être et mon esprit sont mobilisés vers un seul et même objectif : la naissance de mon bébé.

— Bien, nous allons commencer les poussées.

Émilie est face à moi, debout. Un masque couvre sa bouche. Mes yeux sont rivés sur les siens.

— Je sais que vous souhaitez accoucher sur le côté, continue-t-elle. Nous allons essayer ainsi. Vous appuyez votre jambe gauche sur ma hanche, et vous, Monsieur, vous poussez sur les mains de votre épouse.

Je me mets dans la position indiquée qu'Isabelle m'avait également montrée.

— À la prochaine contraction, on y va, dit Émilie.

La contraction arrive et je pousse de toutes mes forces, à respiration contrôlée.

— C'est très bien ! Vous poussez bien. On recommence à la prochaine contraction.

Je pousse à nouveau autant que je peux.

— Le bébé descend bien, dit Émilie. On va tout de même essayer de changer de position pour que les poussées soient plus efficaces, d'accord ?

Je me mets sur le dos. Je sais que cette position est moins bonne pour le périnée, tout comme l'est la respiration bloquée. Mais je m'exécute. Il faut que mon bébé naisse. L'expulsion dure normalement trente minutes. Au-delà, le médecin de garde est appelé. Émilie s'adresse à Maxime :

— Monsieur, vous allez venir ici et l'aider à ramener sa jambe. À la prochaine contraction, on pousse.

Je m'exécute. Je pousse si fort que je démonte leur matériel. Cela nous fait rire entre deux contractions.

— Vous avez une sacrée force, me dit Anna tandis qu'elle resserre l'équipement.

Je suis rouge comme un homard et j'ai très chaud. J'ai la sensation que de la vapeur sort de mon corps comme après une douche brûlante. Maxime vaporise de l'eau sur moi et Anna m'évente pour me rafraîchir un peu.

— Vos contractions sont longues. Vous avez le temps de pousser plusieurs fois. Vous allez essayer de pousser trois fois en une contraction.

Encouragée par leurs « allez, allez, allez, poussez, poussez », je mets toute mon énergie dans chacune des poussées. Je suis essoufflée mais récupère entre deux contractions en me relâchant complètement pour me détendre le plus possible. Le problème est qu'elles s'espacent de plus en plus. On m'injecte alors un peu d'ocytocine, ce qui ne les rend pas plus douloureuses pour autant. De toute façon, je suis tellement concentrée sur mon objectif que la douleur devient accessoire. À chaque poussée, le bébé descend puis remonte, mais moins haut qu'il n'était auparavant. On dit qu'il joue au yo-yo. Il arrête de remonter lorsqu'il franchit les épines sciatiques.

Cela fait plus d'une demi-heure à présent que je pousse.

— Je dois appeler le médecin de garde, me dit Émilie. C'est la procédure. Anna, pouvez-vous composer le numéro s'il vous plaît ?

Anna s'exécute et approche le combiné de l'oreille d'Émilie sans pour autant la toucher.

— Bonsoir, la demi-heure de poussées est passée. Le bébé va toujours bien, le monitoring est impeccable. Nous continuons les poussées. C'est OK pour vous ?

Le médecin a donné son accord et voilà que je pousse de nouveau de toutes mes forces. Une heure s'est quasiment écoulée depuis le début de l'expulsion quand Émilie me regarde et dit :

— Là, il faut tout donner. C'est la poussée décisive, d'accord ?

— D'accord.

Après quelques secondes, je sens la contraction arriver. Je les préviens et pousse de nouveau comme une folle.

C'est bien, mais à voir les yeux d'Émilie, ce n'est pas suffisant.

— Il faut tout donner, il faut tout donner ! répète-t-elle sur un ton qui se veut pressant.

Ses yeux ronds comme des billes me regardent intensément. Je sens que la minute est cruciale. L'atmosphère tendue. J'ai l'impression d'être un funambule qui doit exécuter un dernier pas sur son fil. Un dernier petit pas. Soit il y arrive et c'est un succès, soit il tombe dans le ravin. En moi-même, je suis un peu inquiète : je ne sais pas comment je peux faire pour pousser encore plus fort ! Je suis au maximum de la puissance que je peux donner depuis le début. Je repousse néanmoins sous un tonnerre de *« allez, allez, allez, continuez, ne lâchez pas, ne lâchez rien, poussez, vas-y chérie ! »*. Puis je repousse encore, sans contraction cette fois. Et j'entends Émilie dire à Anna :

— Appelle Emmanuelle !

— Que se passe-t-il ? demande Maxime.

Je ne me souviens pas d'entendre Anna appeler. Je la vois juste appuyer sur mon pubis à plusieurs reprises avec sa main en forme de poing. Je me dis simplement : « *Elle fait pression sur les épaules du bébé pour qu'elles sortent.* » Je ne suis pas du tout inquiète, contrairement à Maxime qui n'entend plus le monitoring, donc battre le cœur du bébé. Tout va très vite ensuite. Je ne vois ni Emmanuelle entrer dans la pièce, ni Émilie couper le cordon.

Simplement Anna filer comme une flèche dans la pièce adjacente avec mon bébé.

— Mon bébé va bien ? demandé-je très calmement à Émilie. Pourquoi ne crie-t-elle pas ?

— Elle va crier dans un instant, vous allez l'entendre.

Nous tendons tous l'oreille, aux aguets. Quelques secondes plus tard, un cri vient déchirer le silence de la nuit.

— Tu peux aller voir les soins du bébé si tu veux, dis-je à Maxime, soulagée.

De mon côté, j'adorerais pouvoir les suivre, mais il n'est pas question de me lever et de trottiner jusqu'à la salle. Je vois alors Maxime chanceler. Diable ! Mais il est en train de tourner de l'œil !

— Je ne me sens pas très bien. Il faut que je m'assoie, arrive-t-il à articuler.

Je le vois alors marcher en titubant, chercher la chaise à tâtons en tendant ses mains et s'y asseoir, avec grand fracas.

— Ça va Monsieur ? demandent Emmanuelle et Émilie en chœur.

— Oui, oui, dit Maxime en sortant un sucre de sa poche qu'il engouffre dans sa bouche. Simplement, je n'ai pas mangé depuis longtemps. Je n'ai pris qu'un petit-déjeuner hier matin.

Anna m'amène mon bébé. J'ai du mal à me

remémorer ce que je ressens. Je me souviens de m'être dit « *Ça y est, je suis maman* » tout en me demandant de manière complètement improbable d'où sortait ce bébé. Incroyable, n'est-ce pas ? Pas tant que cela. Ce que je viens de vivre est si unique et nouveau que je doute encore de sa réalité.

Ça gaze… ouille !

Le médecin, William, est entré dans la salle. Vêtu d'une blouse bleue et d'une calotte Star Wars, il nous salue chaleureusement et nous félicite. Il s'entretient aussi avec Émilie. Il est 6 h 15 du matin. Ma fille est née à 5 h 27, quarante-deux heures après la perte des eaux, quasiment vingt-quatre heures à partir d'une dilatation du col à trois. L'ambiance est très détendue. Pourtant, je vois à intervalles réguliers William et Émilie lever la tête vers l'horloge au mur et vérifier l'heure. Quelque chose ne va pas et ils ne tardent pas à m'en faire part :

— Le placenta et les membranes ne sortent pas spontanément, dit William. Normalement, on attend une trentaine de minutes. On est maintenant à quarante-cinq minutes. Je vais devoir les enlever à la main. On attend encore cinq minutes puis on y va.

Les cinq minutes passent. Anna tend ses mains vers mon bébé alors dans mes bras et me dit doucement :

— On va la donner à son papa maintenant, le temps que le médecin s'occupe de vous.

— Emmanuelle, prenez le masque de protoxyde d'azote et mettez-lui sur le visage, enjoint William.

Emmanuelle, à ma gauche, me tend le masque puis le tient fermement sur mon nez et ma bouche. Cette fois-ci, je n'ai pas le choix, je dois respirer dedans. Après quelques respirations et avant que le médecin passe à l'action, on me demande comment je me sens. Je m'entends parler ainsi :

— Je me sens bizarre. Un peu loin. Et surtout, ma voix est totalement déformée. C'est étrange.

— C'est normal, répond William. Vous pouvez aussi avoir des hallucinations.

— Je n'ai pas d'hallucinations, mais ma voix… ma voix n'est presque plus la mienne.

Emmanuelle, sur un signe de tête de William, me recolle le masque sur le visage. J'ai l'impression d'être un bébé qu'on forcerait à prendre une tétine. Pourquoi donc veut-on absolument que j'inhale ce gaz ? J'ai fait sans pendant tout le travail et l'accouchement proprement dit.

Je ne tarde pourtant pas à comprendre quand

une douleur fulgurante traverse mes entrailles. Mon corps entier se raidit. Emmanuelle tient ma main gauche tout en utilisant son autre main pour maintenir le masque sur mon visage. Anna prend ma main droite que je serre très fort. En face de moi, William officie et Émilie regarde comment il procède. À chaque fois que William entre la main dans mon utérus, une douleur violente déchire mon ventre. J'essaie de ne pas crier car ma fille, à peine née, est dans les bras de son père, juste à côté. Et j'ai peur de la traumatiser. Je me contiens mais ne peux m'empêcher de gémir. La douleur est tellement vive! Quand tout cela va-t-il finir? J'essaie de parler dans le masque. Emmanuelle le retire. Je demande alors:

— Du répit! Du répit, s'il vous plaît, en tournant la tête de gauche à droite.

— Il y a encore des membranes. Je vais être obligé de continuer, m'annonce William. Je fais mon maximum pour aller vite.

Il me laisse respirer un peu. Anna se penche vers moi pour me dire que je suis très courageuse. Puis il me demande:

— Est-ce que vous êtes prête?

J'opine de la tête. À nouveau le masque, la douleur tel un éclair, tellement intense! J'ai la sensation qu'il fouille littéralement dans mes entrailles.

Il dit alors, s'adressant à Émilie :

— Il y en a encore.

Et enfin à mon attention :

— J'ai presque fini. Une dernière vérification.

Mon corps se cambre à nouveau. Puis plus rien, plus de douleur.

Emmanuelle enlève le masque et je reprends mes esprits.

— Pourquoi ne nous parle-t-on pas de ça dans les cours de préparation à la naissance ? La douleur est dix mille fois pire que n'importe quelle contraction !

— Parce que, répond William, la plupart du temps, on n'a pas besoin de le faire. Dans la majorité des cas, le placenta et les membranes sortent naturellement au bout de vingt à trente minutes. Et si ce n'est pas le cas, on fait ce qu'on vient de vous faire, à savoir une délivrance artificielle et une révision utérine. Mais comme les femmes ont souvent choisi d'accoucher sous péridurale, elles ne sentent rien.

— Mais toutes les femmes ne choisissent pas d'accoucher sous péridurale ! J'en suis la preuve. C'est vraiment un sujet qu'il faut aborder en cours de préparation à la naissance. Ce n'était franchement pas une partie de plaisir ! Il faut avoir le cœur bien accroché.

— C'est certain. Mais il est très important que la délivrance soit totale. S'il reste des parties de placenta ou des membranes dans l'utérus, cela peut être dangereux et provoquer des hémorragies ou infections.

Je me sens à nouveau parfaitement bien et en pleine forme. J'échange avec William sur ce que je viens de vivre tandis qu'il me prodigue les derniers soins. Je demande à voir le placenta. Nous parlons beaucoup et je partage mes ressentis. Je souris maintenant d'avoir demandé : « Du répit, du répit ! » en ces termes. J'aurais pu dire : « Stop, arrêtez ! ». Au lieu de cela, je me suis exprimée dans un langage très châtié et ce sont ces mots qui sont naturellement sortis de ma bouche : improbable.

Anna m'apporte de nouveau mon bébé. Je prends ma fille dans mes bras, la regarde, complètement fascinée. Je n'en reviens pas de ce petit être si parfait et complet ! Cela me paraît totalement incroyable d'avoir, mon époux et moi, réussi à créer un bébé, notre bébé. Tandis que je suis tout entière absorbée par ces idées et la contemplation de ma fille, cette dernière se met en mouvement.

Un bébé né à terme, et a fortiori deux jours après le terme me concernant, est capable de trouver le sein tout seul. L'aréole et le mamelon du sein se sont agrandis durant la grossesse et, selon les femmes, ont pu s'assombrir. Autant de repères pour le bébé. Mais surtout, il y a l'odeur! Ma sage-femme Isabelle m'a en effet dit que les points en relief sur l'aréole sécrétaient l'odeur du liquide amniotique pour attirer le bébé. Ce dernier a donc des repères visuels et olfactifs à sa disposition pour trouver le sein. Ma fille rampe ainsi spontanément et naturellement vers ce dernier pour se nourrir. Un pincement : la voilà qui tête à présent. Après un certain temps, Anna la prend pour la poser près de l'autre sein. Elle ne se fait pas prier et boit à nouveau. Puis, repue, s'endort. Je la regarde une dernière fois, le sourire aux lèvres, avant de plonger moi aussi dans les bras de Morphée.

Un peu après 7h du matin, Maxime, remis de ses émotions, écrit à nos familles pour annoncer la naissance de notre enfant. C'est un véritable soulagement pour les miens qui commençaient sérieusement à s'inquiéter. À 5h10, les conversations reprenaient ainsi : « *Toujours rien ?* » demandait ma grande sœur. « *Alors ?* » questionnait mon père. « *Tout va bien Maxime ?* s'interrogeait mon beau-frère. *Désolé de rajouter un message aux précédents mais le fait est qu'on vit à votre rythme depuis hier.* »

Mais celle pour qui l'attente a certainement été la plus dure, c'est ma mère. En effet, elle travaillait la nuit de mon accouchement, et à chaque fois qu'elle croisait une collègue, celle-ci lui demandait :

— Toujours pas de nouvelles ?

— Non, toujours rien, répondait inlassablement ma mère.

— Ça commence à être inquiétant, non ?

Les gens, aussi bienveillants soient-ils, ont parfois le don de dire ce que l'on n'a pas besoin d'entendre.

L'annonce de la naissance déclenche une explosion de joie ! « Ah ! Ouf ! J'étais pendue au téléphone depuis hier soir. C'était l'accouchement le plus long du monde, non ? » écrit ma grande sœur.

Les félicitations pleuvent. Nous nageons tous dans l'allégresse.

Mais pourquoi donc ?

Maxime et moi sommes réveillés par l'équipe de jour. Il est temps de quitter la salle d'accouchement et de monter dans notre chambre. Mon mari prend notre fille dans ses bras. Je n'ai aucun vertige, aussi j'arrive à me lever pour m'asseoir dans un fauteuil que quelqu'un pousse jusqu'à la chambre. On m'aide à m'installer dans le lit et c'est avec un plaisir fou que je dévore les tranches de pain du petit-déjeuner et bois un chocolat chaud. Cela fait des mois, peut-être une année que je n'en ai pas bu, mais après toutes ces émotions, je peux bien m'accorder cette régression vers l'enfance. Et délicieusement, mes lèvres se teintent d'une moustache chocolatée. Mon bébé dort dans un petit berceau transparent à ma gauche et mon époux s'est allongé sur un lit d'appoint à ma droite.

La question que vous vous posez sûrement et que je me suis aussi posée, a posteriori, c'est pourquoi ? Pourquoi ai-je décidé d'accoucher ainsi, sans péridurale ? Pourquoi avoir privilégié un accouchement le moins médicalisé possible ?

Si, dans mon projet de naissance, j'avais écrit que je souhaitais « *aller au maximum du travail sans péridurale* », j'avais aussi noté : « *Cela ne signifie pas que je ne veux pas de péridurale. Nous verrons le jour J comment je m'en sors [...] et comment se passe le travail.* » Accoucher sans péridurale n'était pas une fin en soi. À dire vrai, cela n'était pas prévu. Mais les choses se sont faites ainsi.

D'abord, pourquoi voulais-je « aller au maximum du travail sans péridurale » ? Ces mots m'ont en réalité été dictés par mon histoire. J'ai fait deux fausses couches consécutives pour lesquelles j'ai pu choisir de laisser faire la nature. Je n'ai pas pris de pilule abortive, je n'ai pas dû faire d'aspiration. J'ai juste laissé le temps faire son œuvre. Ainsi, inconsciemment, je devais être encline à vivre un accouchement le plus naturel possible, bien qu'en structure hospitalière, étant seulement à l'écoute de mon corps et de mes sensations. Accoucher ainsi était finalement le point d'orgue d'une suite logique. Par ailleurs, avec mon vécu, je savais ce qu'étaient des contractions d'expulsion. J'étais déjà familière avec la douleur qu'elles pouvaient provoquer. Je ne la craignais pas, je ne l'appréhendais pas. J'étais même en harmonie avec elle. Dans un sens, j'étais en terrain connu. Peut-être avais-je une longueur d'avance par rapport aux autres femmes qui accouchent d'un premier enfant sans passif de fausse couche ? Toujours est-il que mon histoire, mon vécu, ont été déterminants dans ma manière d'accoucher. Je n'aurais peut-être pas accouché ainsi si je n'avais pas fait deux fausses couches au préalable. Une sage-femme m'a dit un jour : *« On accouche comme on vit. »* Accoucher, c'est en effet avant tout le fruit d'une histoire personnelle.

Ensuite, j'ai accouché sans péridurale car je trouvais la douleur supportable, et ceci des premières contractions jusqu'à la naissance de ma fille. La révision utérine m'a semblé largement plus douloureuse. L'était-elle vraiment ? Peut-être l'ai-je vécue de manière différente car l'objectif n'était pas le même. Dans le premier cas, vous supportez la douleur sur la longueur car il s'agit de faire naître votre enfant. Vous préparez et attendez ce moment depuis neuf mois. Dans l'autre cas, c'est « seulement » de votre vie dont il est question. Car si l'utérus n'est pas totalement « vidé » du placenta et des membranes, des risques d'hémorragies aux conséquences graves sont présents. Non pas que votre vie n'ait pas de valeur, mais au moment d'accoucher, ce qui compte plus que vous, c'est votre bébé. Votre attention est focalisée sur votre enfant plus que sur vous-même. C'est, pour ma part, mon expérience, mon ressenti.

Je tire une grande fierté de mon accouchement. Et chaque mère peut s'enorgueillir d'avoir donné la vie. Ce qu'elle vient d'accomplir est tout simplement épatant ! Il est essentiel de leur rappeler et de les valoriser. Accoucher est tout sauf banal. C'est un moment extrêmement important de la vie d'une femme. Un moment qui doit toujours inspirer le respect.

L'accouchement a ceci d'incroyable qu'en nous poussant au bout de nous-même, il nous révèle. Je suis une personne très pugnace, qui va au bout des choses. Et je suis capable d'abnégation. Cela, je le savais déjà. Mais ce que j'ai découvert, c'est une maîtrise de moi-même que je ne me connaissais pas. Elle était à son paroxysme lorsque, allongée dans la salle d'accouchement baignée de lumière, un simple filet d'air me permettait de gérer les contractions. J'étais comme au-dessus de ma douleur.

Cette découverte de soi, de cette vigueur intérieure incroyable, est tout simplement magnifique. Il y a, dans chacune d'entre nous, une force vive, une volonté et une détermination absolue. Il me semble que c'est pour cela que bon nombre de sages-femmes sont passionnées par leur métier. Accompagner les femmes durant leur grossesse et être témoin de l'énergie, de l'opiniâtreté sans concession qui les animent au moment de leur accouchement, voilà qui a un vrai sens. Voilà qui est tout simplement *beau*.

Il n'y a pas un accouchement meilleur qu'un autre. Accoucher avec péridurale n'est pas moins bien qu'accoucher sans péridurale. La césarienne est, dans la majorité des cas, subie plutôt que choisie. Il n'est en aucun cas question de jugement ici. Si j'ai pu accoucher par voie basse après autant d'heures de travail, et pousser une heure au lieu d'une demi-heure, c'est parce que le cœur de mon bébé a battu avec la régularité d'un métronome. À aucun moment, il n'a flanché. Sinon, la césarienne se serait imposée. J'ai aussi eu la grande chance d'être accompagnée par une équipe à l'écoute, qui m'a soutenue dans mes choix.

Il n'est pas non plus question de culpabiliser d'avoir demandé une péridurale alors qu'on pensait pouvoir accoucher sans. Nous ne sommes pas égaux vis-à-vis de la douleur, et au-delà du vécu de la douleur, elle peut être intrinsèquement plus intense d'une femme à l'autre.

Aucun accouchement ne se ressemble. C'est un moment très personnel, fruit d'une histoire, de votre histoire. L'essentiel, c'est que votre bébé soit en bonne santé et que vous ayez vécu votre accouchement de la meilleure manière qu'il soit, sans frustration, sans non-dit.

Vous qui lisez ces lignes, peut-être trouvez-vous mon accouchement terrible, entre vomissements, heures de travail à n'en plus finir, douleur sur la durée et clou du spectacle, révision utérine. J'en garde pourtant un extraordinaire souvenir. Ce fut un moment authentique, qui me ressemblait.

Pour finir et pour commencer

L'important, c'est de garder espoir lorsque des difficultés à être ou à rester enceinte se présentent. J'ai écrit ce témoignage dans cet objectif, pour vous y aider.

L'important, c'est de s'être renseignée sur l'accouchement et de savoir ce que vous souhaitez afin qu'il vous ressemble. Savoir, pour arriver confiante à la maternité, pour avoir le maximum de cartes en main le jour J. Ne pas le craindre, ne pas le subir, mais au contraire le vivre pleinement.

C'est aussi d'associer à votre projet votre compagnon ou la personne qui sera à vos côtés. Partager tout au long de la préparation à l'accouchement permet, d'une part, d'avoir le même niveau de connaissance et donc d'être sereins à deux. Mais également d'avoir un porte-parole qui puisse prendre le relais sur vos souhaits si la douleur ou la fatigue vous empêchait de pouvoir vous exprimer. C'est, enfin, avoir quelqu'un qui aura une part active durant le travail et l'accouchement, que ce soit par des mots ou des gestes, et qui vous soutiendra.

L'important, c'est de partager avec l'équipe médicale afin qu'elle soit votre alliée. Un accompagnement bienveillant dans son projet de naissance est en effet déterminant dans le vécu d'un accouchement.

Vous tenez le rôle principal et c'est le plus beau rôle ! Les sages-femmes et médecins sont là pour vous épauler et vous permettre d'être actrice de votre accouchement. Parlez avec eux, partagez vos ressentis. Ne restez pas avec des non-dits que vous regretteriez par la suite.

C'est votre accouchement, c'est votre moment ! Faites-vous confiance, faites confiance à votre bébé et au personnel soignant qui vous entoure.

Ayez aussi en tête qu'à l'instar d'une grossesse, il y a beaucoup de choses dans un accouchement que ni vous ni l'équipe médicale ne maîtrisez. À commencer par la manière dont votre bébé vit la naissance. Si des actes chirurgicaux s'imposent, dites-vous que c'est pour le bien de votre enfant et accompagnez-le en lui parlant de manière rassurante.

Contrairement à d'autres pays, accoucher est gratuit en France. Le médecin n'a pas un intérêt pécuniaire à faire une césarienne. Il peut avoir un autre intérêt, celui de gagner du temps. Mais ne soyons pas machiavélique ! Dans tous les cas, ne vous en voulez pas si cela ne se passe pas exactement comme vous l'auriez souhaité ou imaginé. L'important, c'est de s'être donné les moyens, d'avoir tout fait pour. Et l'essentiel, c'est que votre bébé soit sain et sauf.

C'est également d'accueillir la douleur comme un compagnon de route. Ne pas lutter contre elle, mais plutôt la recevoir à bras ouverts, car elle est indissociable de la naissance de votre enfant. Elle revient par vagues successives à chaque contraction. Imaginez que vous êtes un dauphin et surfez avec !

C'est, pour finir, d'être tout à fait connectée, éveillée à soi-même et à son bébé. C'est d'être réceptive à toutes les sensations éprouvées, se découvrir, se surprendre, se dépasser.

Accoucher, c'est à la fois un aboutissement, un accomplissement et un commencement. Un aboutissement, car c'est la concrétisation de neuf mois de grossesse. Neuf mois pour littéralement créer un bébé, voir son corps changer et se préparer doucement à l'arrivée de son enfant. Un accomplissement, car donner la vie, c'est quelque chose d'incroyable qui repose sur vous. Personne ne peut le faire à votre place. Et c'est votre succès, votre fierté. Un commencement, car la naissance est le départ d'une nouvelle aventure : celle de la découverte de votre enfant et de vous-mêmes en tant que parents.

Nos vies sont bien remplies. Nous courons de droite à gauche et de gauche à droite, sans répit et, pour certaines d'entre nous, dans le stress ou dans un contexte de pression permanente. Mais ces neuf mois ne sont pas ordinaires dans la vie d'une femme. Ils ont une saveur particulière. Ils sont un moment à part, telle une parenthèse à savourer. Ne passez pas à côté ! Ne laissez personne entamer la sérénité de votre grossesse. Être enceinte, c'est vivre une explosion de sensations, d'émotions et de ressentis. Chaque mois apporte son florilège de nouveautés. Goûtez-les, appréciez-les et délectez-vous en ! Soyez attentive aux changements qui se passent en vous et fiez-vous à votre intuition. Elle est votre meilleur guide.

Neuf mois et un accouchement, aussi longs et éprouvants soient-il, passent finalement très vite. Ce sont des moments riches, intenses, uniques et précieux qui ne durent qu'un temps. Vivez-les ! Vivez-les donc pleinement !

Jouer les prolongations

D'aussi loin que je me souvienne, j'ai toujours aimé les histoires. Elles bercent, éveillent, interpellent, consolent. Elles font rêver ou font peur, mais ne laissent jamais indifférent. J'ai écrit la mienne et suis partie à la rencontre de mères du monde entier. Elles nous livrent l'expérience de leur maternité, parfois loin de leur pays.

Des histoires aux mille couleurs, aux mille saveurs, parfois douces, parfois plus amères. Des histoires d'hier et d'aujourd'hui.

C'est ainsi qu'est née l'idée d'un site internet, gloriamama.com, où les écouter sans aucune modération !

Les sujets ? Le désir d'enfants, les fausses couches, la grossesse, l'accouchement, l'allaitement, le retour de couches, la PMA, la GPA et bien d'autres encore, vécus de par le monde.

J'ai aussi voulu donner la parole à celles qui nous accompagnent dans nos grossesses, accouchements et bien après : les sages-femmes. Témoins de nos questionnements et fragilités, de nos tristesses comme de nos immenses bonheurs, elles font souvent la différence dans notre vécu.

Ce site s'adresse aux parents et futurs parents, aux soignants confirmés et en formation.

Les soignants pourront se plonger dans ce qu'est le vécu des femmes et des couples et ces derniers s'enrichiront de l'expérience des soignants.

Gloriamama, c'est un creuset d'histoires dans lesquelles puiser pour apprendre, comprendre, mieux accompagner, partager, se rassurer. Chaque histoire est unique et pourtant universelle, riche de messages et d'enseignements.

Car toutes ces histoires s'enlacent et s'entremêlent pour n'en raconter qu'une : celle de la vie.

Amis curieux, ouvrez vos écoutilles !

Bienvenue sur gloriamama.com et gloire à toutes les mères du monde !

Remerciements

Au cours de mes trois premières grossesses, j'ai rencontré trois sages-femmes. Trois femmes très différentes, toutes d'expérience. Elles ont compté, à des moments critiques de ma vie, parmi les personnes les plus importantes et gardent, aujourd'hui encore, une place toute particulière dans celle-ci.

La première d'entre elles m'a formidablement bien accompagnée durant mes deux fausses couches. Son écoute, sa disponibilité, son engagement à nous épauler, moi et mon époux, nous ont permis de vivre ces moments douloureux de la meilleure manière qu'il soit. Je lui suis infiniment reconnaissante de m'avoir guidée vers les choix qui me ressemblaient. Grâce à elle, mes fausses couches restent des expériences « façonnantes », pas traumatisantes.

Je remercie ma deuxième sage-femme pour sa préparation à l'accouchement claire et complète. Elle m'a donné les clefs pour rester « actrice » et vivre sereinement ce moment hors du temps. Mon mari a su également trouver très facilement sa place et m'épauler efficacement.

Enfin, je n'aurais jamais vécu un tel accouchement sans mon incroyable troisième sage-femme. Merci de m'avoir encouragée et soutenue dans mes choix, tout en veillant à la vie de mon bébé et à la mienne. Merci aussi de m'avoir accompagnée et tant valorisée à la suite de mon accouchement. Je garde de nos conversations des souvenirs fabuleux !

Bien sûr, je ne peux citer tous les soignants dont j'ai croisé la route. Des paroles, un sourire, une main tendue, un geste : c'est là qu'est toute la différence. Je leur suis profondément reconnaissante.

Côté écriture, tout a commencé un soir par une lettre. Une lettre comme une bouteille qu'on jette à la mer, avec de l'espoir mais sans trop d'attente. Cette lettre a fait une traversée heureuse de l'océan, et contre toute attente, quelques jours plus tard, j'ai reçu une réponse encourageante. Elle disait : « *Vous pouvez tout à fait y arriver* », « *Allez-y. Je suis avec vous !* ». Merci Martin Winckler pour vos mots. Ils m'ont donné l'élan d'écrire.

Merci aux complices de la première heure, qui m'ont soutenue dans mon projet : mes sœurs, mes parents et mes amies Frédérique et Camille. Je vous dois tant qu'il faudrait plusieurs pages pour tout énumérer !

Merci à mon formidable époux qui a bien voulu rendre publics des moments très intimes de notre vie.

Merci à ceux, proches du milieu des livres, que j'ai rencontrés en cours d'écriture, et qui m'ont donné des conseils avisés. J'ai une pensée particulière pour Bénédicte, Julie, Florence et Mark.

Merci à toi, Anne, pour ton écoute attentive, ta compréhension et nos échanges transparents. Et merci à Yves d'avoir soutenu mon récit.

Enfin, merci à vous, lecteur, qui me lisez et à très vite sur le site gloriamama.com pour prolonger l'aventure !

Table

Aux lecteurs 7
Larguer les amarres ! 11

PREMIÈRE PARTIE 15
Vertige 17
De l'incertitude à l'incertitude 19
Oscillations dangereuses 36
L'attente 71
Conservera ou conservera pas ? 77
Au bain ! 83

DEUXIÈME PARTIE 95
Café et touillette 97
Bis Repetita 106
La prochaine fois, je joue au Loto ! 126

TROISIÈME PARTIE 137
Surprise 139
Mon ennemi l'escalier 147
Sous l'océan 157
Troisième voyage 164
D-Day 174
Stupeur et panique à bord ! 181
Marée montante, marée descendante 191
De bulles à tambour 198

Les deux extrêmes 208
Comme ci ou comme ça ? 220
Tic tac, tic tac 230

QUATRIÈME PARTIE 245
« Zorro est arrivé ! » 247
La fuite ! 255
« Sésame, ouvre-toi ! » 263
Engagez-vous, qu'ils disaient ! 281
Ça gaze… ouille ! 293
Mais pourquoi donc ? 300

Pour finir et pour commencer 306
Jouer les prolongations 310

Composition et mise en page : Thomas Ragage
Dépôt légal : janvier 2021
N° d'édition : 948

Imprimé en France par EPAC Technologies
N° d'impression : 4550414333220
Dépôt légal : janvier 2021